ILÊ AXÉ UMBANDA

Evandro Mendonça
ditado pelo Caboclo OGUM DA LUA

ILÊ AXÉ UMBANDA

Conversas com o Caboclo Ogum da Lua

Primeira Edição
São Paulo
2011

© 2011, Anúbis Editores Ltda.

Coordenação editorial:
Anúbis Editores

Preparação e revisão
Entrelinhas Editorial

Projeto gráfico e capa:
Edinei Gonçalves

Imagem de capa:
iStockphoto

Dados Internacionais de Catalogação na Publicação (CIP)
(Câmara Brasileira do Livro, SP, Brasil)

Caboclo Ogum da Lua (Espírito).
    Ilê axé umbanda / ditado pelo Caboclo Ogum da Lua ; [psicografado por] Evandro Mendonça. -- São Bernardo do Campo, SP : Anúbis, 2011.

    ISBN 978-85-86453-30-4

    1. Mediunidade 2. Psicografia 3. Umbanda (Culto)
I. Mendonça, Evandro. II. Título.

11-07701   CDD-299.672

Índices para catálogo sistemático:
1. Mensagens mediúnicas : Umbanda   299.672
2. Umbanda : Mensagens mediúnicas   299.672

São Paulo/SP – República Federativa do Brasil
Printed in Brazil – Impresso no Brasil

Este livro segue as novas regras do Acordo Ortográfico da Língua Portuguesa

Os direitos de reprodução desta obra pertencem à Anúbis Editores Ltda. Portanto, não é permitida a reprodução total ou parcial desta obra, de qualquer forma ou por qualquer meio eletrônico, mecânico, inclusive por meio de processos xerográficos, incluindo ainda o uso da internet, sem a permissão expressa por escrito da Editora (Lei nº 9.610, de 19.2.98).

Reservam-se os direitos desta edição à Anúbis Editores Ltda.
Rua Armando Iezzi, 44 – São Bernardo do Campo/SP
CEP 09895-560 – Tel.: (11)3213-6991

Sumário

SUMÁRIO
5

PRECE DE CÁRITAS
7

CRÉDITOS
9

INTRODUÇÃO
13

SESSÃO I
18 de fevereiro de 2011
15

SESSÃO II
25 de fevereiro de 2011
27

SESSÃO III
4 de março de 2011
39

SESSÃO IV
11 de março de 2011
51

SESSÃO V
18 de março de 2011
61

SESSÃO VI
25 de março de 2011
71

SESSÃO VII
1º de abril de 2011
81

SESSÃO VIII
8 de abril de 2011
91

SESSÃO IX
15 de abril de 2011
101

SESSÃO X
29 de abril de 2011
119

COM A PALAVRA O SR. CABOCLO OGUM DA LUA
125

Prece de Cáritas

DEUS, nosso Pai, que sois todo poder e bondade, dai força àquele que passa pela provação; dai a luz àquele que procura a verdade, pondo no coração do homem a compaixão e a caridade. Deus, dai ao viajor a estrela guia; ao aflito a consolação; ao doente o repouso. Pai, dai ao culpado o arrependimento, ao espírito a verdade, a criança o guia, ao órfão o pai. Senhor, que a vossa bondade se estenda sobre tudo que Criaste. Piedade, Senhor, para aqueles que não vos conhecem, esperança para aqueles que sofrem. Que a vossa bondade permita aos espíritos consoladores derramarem por toda parte a paz, a esperança e a fé. Deus, um raio, uma faísca do Vosso Amor pode abrasar a Terra. Deixa-nos beber nas fontes dessa bondade fecunda e infinita e todas as lágrimas secarão, todas as dores acalmar-se-ão. Um só coração, um só pensamento subirá até Vós como um grito de reconhecimento e amor. Como Moisés sobre a montanha, nós Vos esperamos com os braços abertos, oh! Poder...oh! Bondade...oh! Beleza...oh! Perfeição, e queremos de alguma sorte alcançar a Vossa Misericórdia. Deus, dai-nos a força de ajudar o progresso a fim de subirmos até Vós. Dai-nos a caridade pura; dai-nos a fé e a razão; dai-nos a simplicidade que fará de nossas almas, o espelho onde deve refletir a Vossa Santa e Misericordiosa Imagem.

Créditos

Repasso todos os créditos deste trabalho àquele que esteve sempre ao meu lado, durante toda a minha trajetória de vida. Desde:
que nasci para este mundo,
que abri os olhos pela primeira vez e ele estava lá,
que tive dor de barriga,
que tive um problema grave de saúde até os sete anos de idade,
que comecei a falar,
que comecei a andar,
que caí o meu primeiro tombo e me machuquei,
que comecei a brincar,
que cresci um pouco e comecei a estudar,
que chorei por não poder ter coisas que tanto queria,
que fiquei feliz por outras,
que passei certas necessidades,
que, ainda jovem e por necessidade, tive que parar os estudos aos 14 anos para trabalhar, quando eu estava alegre ou triste,
que comecei a namorar,
que tive dúvidas e quis falar sobre sexo,
que entrei para a Umbanda, ou melhor, acho que sem saber sempre estive nela,

que conheci meu Pai de Santo,

que assentei minhas entidades que eu chamo de meus Pais,

que tentei ganhar a vida na cidade grande,

que me tornei um adulto,

que me casei, e amadureci,

que comecei a ganhar filhos de religião que me chamam de Pai,

que ganhei minhas três filhas que também me chamam de Pai,

que tive momentos bons e ruins,

que tive dificuldades financeiras várias vezes,

que tive conquistas e vitórias várias,

que tive várias derrotas,

que escrevi e lancei o meu primeiro livro de Umbanda,

que terminei de escrever este,

que precisei várias vezes de um ombro amigo etc.

Ele sempre esteve presente, desde o meu nascimento até os dias de hoje, durante todo o tempo e estas trajetórias da minha vida. Eu gostaria muito de que este ao qual me refiro fosse o meu Pai carnal, mas infelizmente não o é, pois não tive esse privilégio de ter junto comigo meu Pai. Talvez por algum carma, por força do destino, burrice dele, ou, talvez, por ele desconfiar de que eu não fosse seu filho e nunca tenha me procurado, mas tudo bem: se eu perdi, ele perdeu também. E, mesmo eu tendo perdido um Pai carnal, ganhei alguns Pais dentro da religião de Umbanda, e, mesmo sem um ensinamento de Pai, tenho três filhas de sangue e um monte de filhos de religião que eu tenho que ensinar como Pai. É engraçado, pela lógica da minha vida, não haver a palavra Pai no meu vocabulário, mas é a que mais uso e escuto no meu dia a dia. E, como não posso dedicar este trabalho àquele que é meu Pai aqui neste plano, eu o dedico e repasso todos os seus créditos àquele a que me referi anteriormente, que me adotou como filho e esteve comigo desde o meu nascimento até os dias de hoje, durante todo o tempo e trajetória da minha vida: ao Meu Pai Caboclo Ogum da Lua.

E, ao leitor, meus sinceros agradecimentos.

Introdução

Como bom médium que tento ser, às vezes tenho a capacidade de penetrar nas dimensões espirituais das Entidades, mas, devido à minha ignorância, minhas palavras são pobres e deficientes para expressar esses reinos espirituais. Como todos vocês sabem, essa capacidade de penetrar nesses reinos difere de médium para médium, pois muito depende do nível de conhecimento e grau de evolução espiritual de cada um. Não sei se sou escolhido, predestinado, iluminado ou se adquiri esse dom por meios das minhas árduas buscas e consultas sobre a religião de Umbanda e sua Linha de Esquerda, tentando interpretá-las cada vez mais, mas posso garantir a todos os meus irmãos que adquirir conhecimento, cultura e fundamentos sobre a religião de Umbanda não é fácil. Ou os adquirimos por meio de buscas árduas, ou somos escolhidos; e com certeza poucos o são.

Por isso, peço desculpas antecipadamente aos meus irmãos se em algum momento deste trabalho eu tenha interpretado mal alguma mensagem ou resposta ditada a mim pelo Senhor Caboclo Ogum da Lua, pois penetrar em dimensões e reinos espirituais superiores e inferiores não é fácil e, mesmo tendo bastante cuidado, às vezes se torna muito difícil compreendê-los e interpretá-los, assim como as dimensões ou o mundo espiritual.

Quando o Caboclo Ogum da Lua se apresentou para mim numa sexta-feira, no dia 11 de fevereiro de 2011, às 22 horas, falando da necessidade de fazermos este livro, fiquei um pouco apavorado, pois sabia da responsabilidade que recairia sobre mim, tal como se deu nas outras obras e conhecia as dúvidas que elas haviam trazido anteriormente e que tinham de ser esclarecidas por mim. Por isso aceitei o desafio.

Rindo, ele me disse que eu já estava na fogueira e que agora não poderia voltar atrás, mas poderia contar com ele para dar as respostas, durante toda a trajetória desta obra, e que nós não escreveríamos sobre o que aconteceu ontem nem sobre o que acontecerá amanhã nos terreiros de Umbanda, mas sobre o hoje: a realidade dos terreiros, dos médiuns e das entidades de Umbanda.

De fato, depois de lançar os livros, muitos leigos, amigos, irmãos, telefonemas, cartas e e-mails chegaram até mim, com várias dúvidas sobre a religião de Umbanda e sua Linha de Esquerda. A maioria delas era simples, mas que acompanham o médium de Umbanda no seu dia a dia e que muitas vezes não são esclarecidas nos terreiros.

O caboclo falou-me que outras dúvidas importantes que não haviam chegado até mim também seriam ditadas por ele. E disse também que não é – nem deverá ser – nossa intenção ser os donos da verdade, e sim apenas de ajudar os irmãos mais leigos que ainda estão perdidos na religião de Umbanda e sua Linha de Esquerda. Ele me disse também que alguns irmãos que quiserem mais informações devem procurar outras fontes em outros grandes escritores, pois aqui será apresentado apenas o básico do dia a dia de um terreiro de Umbanda. Após a nossa longa conversa, que não é necessária ser citada por completo, marcamos para a próxima sexta-feira às 22 horas a primeira sessão para iniciarmos esta obra. E o dia chegou!

SESSÃO I

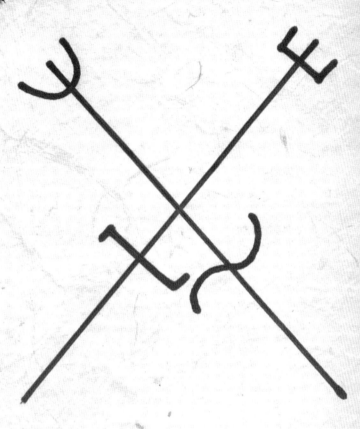

*Não faço mal a ninguém
procuro não ter inimigos;
vou caminhando sozinho
com a certeza de que o Exu é meu amigo;
quem tiver demanda,
quem estiver em guerra
respeita o Exu,
que é o elemento da terra.*

Sexta-feira, 18 de fevereiro de 2011, 22 horas

Começa agora o diálogo entre o médium Evandro e o Caboclo Ogum da Lua. Omitimos os nomes de ambos, por ser óbvia a origem de cada fala.

MÉDIUM: – Salve o Senhor, meu Pai Ogum da Lua!
CABOCLO OGUM DA LUA: – Ei saravado assim meu filho muita força, muita luz, saúde, felicidade, prosperidade, clareza, encaminhamento e caminhos abertos para o senhor e para todos os filhos de Umbanda, os que puderem e os que não puderem adquirir esse trabalho. Sinto-me um espírito muito feliz em poder compartilhar com vocês encarnados, e com o meu povo de Umbanda e Linha de Esquerda, o pouco que já aprendi em espírito e com algumas encarnações nesse e em outros planos. Não são tão grandes os meus conhecimentos, mas tenho certeza de que muito servirão para algumas entidades de Umbanda e para vocês, seres encarnados e desencarnados, que estão em busca e querem um aprendizado simples e eficaz sobre a religião de Umbanda.

– Eu também me sinto muito feliz e lisonjeado pelo senhor ter me escolhido e confiado em mim tamanho compromisso, dando-me também a chance de tornar a minha vida aqui neste plano mais significativa do que já é. Assim, terei a oportunidade de ajudar ainda muitos outros dos meus irmãos umbandistas. Podemos começar o livro que será ditado pelo senhor, meu pai Ogum da Lua?

– Claro, meu filho, estou à disposição de vocês, só peço que o filho use um linguajar bem simples, mais bunitado neste escrivinhado, porque o meu, que eu uso na Umbanda como Caboclo, é muito feio para mostrar aos burros da terra, que com certeza comentariam. Outra coisa é que as perguntas e respostas sejam curtas, diretas, simples e fáceis de entender.

– Então vamos começar pela palavra Aruanda. O que significa essa palavra na religião de Umbanda e sua Linha de Esquerda?

– Falando na língua do plano de vocês e em poucas palavras, significa geograficamente uma pequena cidade de energias e luz situada no plano astral onde nós habitamos, entidades de Umbanda, espíritos e seres evoluídos, ou que ainda estão em estágio de evolução.

– Todas as entidades de Umbanda conhecem essa cidade chamada Aruanda?

– A maioria sim. Não só conhecem como vivem lá. Outras ainda esperam que suas missões sejam bem-sucedidas neste e em outros planos, para poder não só conhecer como viver nessa pequena cidade de luz chamada Aruanda.

– Como nós devemos proceder na hora de acender e oferecer uma vela a uma entidade de Umbanda?

– Na hora de nos oferecer uma vela, façam-no pedindo que com ela possamos iluminar os caminhos de vocês. Esta é a maneira correta de nos oferecer uma vela. Mas saibam, também, que nós, entidades de Umbanda, já temos evolução e luz suficientes para ajudarmos e iluminarmos qualquer espírito necessitado, estando ele encarnado ou desencarnado, sem precisarmos de nenhum tipo de material do plano de vocês. Quem mais precisa desses materiais são vocês, seres encarnados, principalmente para que ativem sua fé naquilo que tanto desejam.

– É necessário que vocês, entidades, guias e protetores, estejam incorporados em seus médiuns para fazer a caridade?

– Não, de maneira alguma. Como vocês sabem, no plano onde nós estamos, não existe tempo nem hora como no de vocês, por isso fazemos a caridade a todo momento, dia e noite.

– E para um médium fazer uma defumação, banho, ponto de fogo, passar uma vela ou até mesmo um trabalho em determinada pessoa, precisa estar incorporado com sua entidade?

—Também não, basta apenas ser um bom médium, ter firmeza e o pensamento positivo na hora de realizar o ritual ou trabalho, chamar as entidades com bastante fé e fazer os pedidos para essa pessoa. O resto fica por nossa conta. No caso do banho de descarga, se a pessoa necessitada for do sexo feminino, o médium que for realizá-lo também deve ser do sexo feminino. Se for do sexo masculino, o médium também o deve ser.

– Mesmo que eu não tenha um congá, oratório, altar ou a imagem de uma entidade de Umbanda cruzada em casa, posso acender uma vela para uma entidade de minha devoção e fazer meus pedidos?

– Não, meu filho, se você for umbandista, em hipótese alguma acenda vela dentro de casa se não tiver um lugar adequado, isto é, um lugar com pelo menos uma imagem ou um quadro de uma entidade de Umbanda – ou até mesmo de um santo católico relacionado à entidade, devidamente cruzado. Caso contrário, vocês correm o risco de que espíritos impuros, desajustados e com falta de luz recebam essa vela e fiquem dentro da sua casa, perturbando seu lar. O que vocês podem fazer, independentemente de terem uma imagem ou não, é juntar mais de uma pessoa, acender uma vela com um copo de água, e juntos fazerem preces, orações e seus pedidos, direcionando-os a uma entidade; é o que vocês chamam de reunião mediúnica.

– Sendo a religião de Umbanda uma religião reencarnacionista, pela qual cultuamos espíritos que já viveram na terra, podemos nós, médiuns de Umbanda, acender uma vela no cemitério para nossos antepassados, pedindo que nos ajudem num momento de dificuldade?

– Vocês podem acender a vela por uma questão de tradição, mas não para pedir que os ajudem e, sim, para orar por esse antepassado para que ele encontre a luz e evolua espiritualmente. O máximo que vocês podem pedir é que, se esse antepassado já tiver encontrado a luz e estiver bastante evoluído, ele interceda por vocês perante o grande pai oxalá e nós, seus mensageiros, pedindo para aliviar suas súplicas e aflições nesse momento de dificuldade.

– E quando formos ao cemitério em visita ou para levar uma oferenda, o que podemos fazer para nos descarregar quando chegarmos em casa?

– Antes de saírem para tal fim, deixem no portão de entrada de casa um ecó de cinzas (uma vasilha pequena, com água e cinza de fogão dentro). Quando retornarem, lavem as mãos e os pés (não é preciso tirar os calçados, apenas passar as mãos molhadas por cima e por baixo deles), e despachem esse ecó na rua. Se não tiverem cinzas de fogão, substituam comprando uma barra de sabão de cinzas nas lojas de Umbanda. Depois, tomem um banho de descarga de ervas ou sal grosso, e está pronto. Se vocês tiverem assentamento da Linha de Esquerda em casa, poderão também passar uma vela em si mesmos e acender no assentamento.

– Para onde vai a alma ou o espírito do médium de Umbanda, após a desencarnação aqui no plano terreno?

– Após deixar a matéria no plano terreno, a alma vai para o plano astral. Nesse plano, ela vai procurar se libertar das dívidas contraídas no plano terreno, mesmo que para isso tenha que reencarnar; libertando-se das suas dívidas, poderá, então, subir a planos ou dimensões superiores.

– Sabemos que a religião de Umbanda tem sua própria cerimônia fúnebre, mas o que gostaríamos de saber é se o terreiro deve ficar em luto após o falecimento do babalorixá, ialorixá, cacique ou chefe do terreiro, ou até mesmo de um irmão de corrente. E por quanto tempo?

— Na Umbanda, meu filho, o luto significa apenas um sentimento de perda ou falta da pessoa que partiu. Portanto, é uma questão pessoal. Todo umbandista deve saber também que, ao morrer na matéria, nasce-se no espírito, e quando se morre no espírito, nasce-se na matéria. Assim, e desde que haja alguém qualificado para tal fim, não há necessidade de fechar o terreiro por um longo prazo e parar os trabalhos de caridade aos que ficaram e necessitam deles. Por respeito e amor à pessoa que partiu, vocês podem parar os trabalhos externos por até 21 dias, e, nesse período, reunir os médiuns do terreiro algumas vezes, para juntos lhe fazerem muitas orações e preces. Depois, os trabalhos internos e externos podem voltar ao normal. Se o terreiro costuma usar tambor em suas giras, deve-se deixá-lo parado (deitado) por mais 30 dias; as giras, portanto, serão sem tambor durante esse período.

— Após o falecimento de um médium de Umbanda, qual o procedimento com seus pertences usados na religião (calça, camisa, guias etc.)? E se o médium que partiu for o chefe do terreiro, qual o procedimento em relação ao congá e assentamentos? E o terreiro, deve fechar ou continuar aberto?

— Em relação aos pertences do médium, vocês poderão colocá-los com o corpo no caixão; as guias devem ser rebentadas em cima do corpo do médium. Se preferirem, poderão queimar tudo em uma fogueira no chão, ou despachá-los na natureza, num lugar bem afastado, deixando as guias rebentadas e as roupas totalmente rasgadas – ou simplesmente entreguem-nas para a pessoa que irá realizar os atos fúnebres, para que ela lhes dê o melhor fim (com certeza ela saberá o que fazer). Se o médium que partiu era o chefe do terreiro e este vai continuar aberto, após sete dias do falecimento o médium escolhido para dirigir os trabalhos a partir de então deverá lavar – com água pura ou com um mieró de ervas amargas, sabão de coco ou da costa – todas as imagens, quartinhas e guias do congá, secando-as com um pano branco e colocando-as em seu devido lugar (as quartinhas sem água). Se houver Linha de Esquerda, será preciso fazer o mesmo com o assentamento desta. Depois, deverá despachar tudo – água ou mieró, sabão e pano – na rua. Por último, na frente do congá, com água ou mieró de ervas amargas numa bacia grande, sabão de coco ou da costa e um pano branco para secar as guias e as cabeças, tudo novo. Terá de lavar a cabeça e as guias de todos os médiuns que tinham algum tipo de cruzamento com o falecido, usando o mesmo líquido, sabão e pano para todos. Depois, precisará despachar tudo na rua.

Feitos todos esses rituais, que significam tirar a mão do falecido, a pessoa escolhida deverá marcar um dia para fazer novos cruzamentos em todo congá, assentamento, guias e médiuns de corrente (agora com um mieró individual para cada um), para a sua mão ser colocada como nova dirigente e chefe do terreiro desse dia em diante. Por fim, será preciso encher as quartinhas com água, e estará tudo pronto para o terreiro seguir em frente com seus rituais normais. Caso o falecido tenha escolhido o novo dirigente ainda em vida e feito com que ele realizasse todos esses rituais de tirar e colocar a mão no congá, assentamento e nos médiuns, enquanto ainda estava vivo – o que é o mais correto a ser feito –, não há necessidade, depois de sua partida, fazê-los novamente, pois tudo já estará com a mão e o comando do novo dirigente. Se o terreiro for fechar, o médium responsável pelos rituais fúnebres – ou alguém escolhido para tal fim – deverá, após sete dias, despachar – isto é, devolver à natureza, em locais bem afastados e sem movimento – todas as imagens, quartinhas, guias, assentamentos e demais materiais usados no terreiro. Imagens, quartinhas e materiais de praia, na praia; de mato, no mato; de cruzeiro, no cruzeiro; e assim sucessivamente.

Não será necessário quebrar nada, apenas despachar em locais bem afastados e disfarçados, evitando os maus olhos alheios – com exceção da casa do Exu e Pombagira, que deve ser quebrada, ou seja, destruída totalmente. É importante que, ainda em vida, o médium ou chefe do terreiro combine isso tudo com seus familiares, para que no momento certo eles saibam o que fazer e não chamem um padre católico para encomendar sua alma e dar fim aos pertences religiosos. Salão, cadeiras, mesas, prateleiras, bacias, panelas, cortinas entre outros podem ser usados normalmente, sem problema algum.

– Quais são os cuidados que devemos ter para oferecer uma oferenda a uma entidade de Umbanda?

– Toda pessoa que for arriar uma oferenda deve antes tomar um banho de descarga, para estar com a matéria limpa; ter bons pensamentos, para evitar carga contrária e procurar vestir roupas claras, de preferência brancas. Finalmente, quando a oferenda for arriada numa encruzilhada ou em algum ponto de força da natureza, a pessoa que for fazê-lo deve levar sempre um acompanhante. Não deve ingerir bebidas alcoólicas antes da entrega e, no caso das mulheres, não devem estar no período menstrual.

– O senhor pode nos explicar qual é realmente o poder das oferendas em relação a nós, seres encarnados, e a vocês, entidades de luz?

– As oferendas têm o poder de ativar as forças da natureza, dos orixás, entidades, guias e protetores e, principalmente, a fé interior de cada ser humano. É um dos métodos mais práticos de ativar as energias positivas, a autoconfiança e a convicção de que será alcançado o desejo pedido.

– E o poder dos banhos?

– Os banhos são ótimos descarregadores de fluidos pesados de uma pessoa que pode estar infectada com larvas astrais, miasmas, olho grosso, inveja, perturbação espiritual etc. ou até mesmo por estar sendo receptiva a algum trabalho realizado com fim maldoso. Entre eles, os banhos de ervas e de sal grosso são os mais indicados.

– E o das defumações?

– Como os banhos de ervas, as defumações também têm as mesmas funções.

– E o do ponto de fogo com pólvora?

– O chamado ponto de fogo na Umbanda, é um dos recursos mais eficazes e utilizados dentro do ritual umbandista para um descarregamento total da pessoa ou de uma casa. É efetuado com pólvora e pemba e tem diversas finalidades, principalmente para desmanchar feitiços enviados pelos magos negros do astral, direcionados a determinada pessoa ou casa. Com a explosão da pólvora, você consegue atingir o perispírito dos espíritos obsidiadores que então se afastam, desintegrando também miasmas, ovoides astrais, parasitas etc. Ele é muito usado, também, para limpar psiquicamente os terreiros.

– Numa sessão de Umbanda, as pessoas podem levar garrafas com água para as entidades a benzerem, imantarem ou fluidificarem e depois ser tomada em casa?

– Essa é uma bela pergunta, meu filho. A maioria das pessoas está nos terreiros de Umbanda e não sabe usar as armas que possui. Se fossem para uma guerra, com certeza seriam as primeiras a morrer, pois não levam ou usam as armas que possuem. Antigamente, as pessoas iam para os terreiros e levavam roupas, fotos, carteira de trabalho etc. para defumar e para nós benzermos ou darmos proteção. Hoje, nem isso elas fazem mais. Os pontos de fogo que fazíamos naqueles mais necessitados também sumiram dos terreiros, assim como os banhos e as defumações. E de quem é a culpa? Será que as pessoas não têm mais problemas ou será que os médiuns só vão ao terreiro para colocarem suas roupas bem bonitas, beberem e fumarem? Ou será que a culpa é nossa? Essas garrafas com água eram levadas antes, não sei por que se parou com isso. Talvez o terreiro não faça mais esse ritual, mas deveria, pois essa água, muitas vezes, serve como remédio ou bálsamo para aliviar as dores de uma família que é crente e tem fé. Se o seu terreiro fazia esse ritual e parou, é preciso que volte a fazê-lo. Se nunca o fez, que comece agora. Apenas peça para as pessoas levarem a água em garrafas transparentes.

– O que é um amaci ou mieró?

– Amaci ou mieró é a união de algumas ervas, raízes, plantas e flores, colhidas e raladas, das quais se tira o sumo para ser colocado na cabeça do médium. Devem ser colhidas pela manhã bem cedo, e preparadas por pessoas capacitadas. Ele é usado para reforçar o seu cruzamento ou adicionar força e energia, tanto ao médium como a sua entidade.

– Um babalorixá, ialorixá, cacique ou chefe de terreiro pode fazer cruzamentos ou aprontamento no esposo(a), amante ou filhos?

– Não, isso jamais deve acontecer em relação ao esposo(a) ou amante. Quanto aos filhos, até é possível, mas também não deve ser feito. Na religião de Umbanda, existem vários chefes de terreiros sérios, capacitados e conceituados, que podem fazer os cruzamentos e rituais de aprontamento em seus filhos, esposo(a), amante. Assim, evita-se que o fundamento da religião de Umbanda fique muito restrito e hereditário – sem falar no orgulho que pode ser gerado na cabeça dessas pessoas, por vários motivos. Entre eles, o de não precisar de ninguém estranho a quem devam respeitar, escutar e pedir a benção.

– Eu posso ser somente um adepto da religião de Umbanda, frequentar um terreiro, ajudar, fazer oferendas, preces e orações às entidades, enfim: fazer parte desse movimento ou corrente maravilhosa que é a Umbanda sem ter qualquer tipo de compromisso, cruzamentos ou assentamentos?

– Claro que pode, meu filho. A Umbanda é e sempre será do livre-arbítrio de cada um. Além do mais, meu filho, o maior compromisso o senhor já tem, não conosco, mas consigo mesmo, que é a livre e espontânea vontade de ajudar e fazer a caridade. E isso é o que mais interessa para nós, entidades de Umbanda.

– Em um terreiro de Umbanda, dois irmãos de corrente podem namorar ou até mesmo se casar?

– Claro que podem, meu filho. A Umbanda é uma religião que busca o aperfeiçoamento do espírito, não um quartel cheio de regime. Ela tem suas regras, é claro, mas nada que possa proibir duas pessoas que se gostam de ficarem juntas. Seria muito bonito dois médiuns se conhecerem em um terreiro e se casarem conforme as leis da Umbanda. Só é preciso ter cuidado de não misturar religião com vida particular, e procurar não levar os problemas particulares para dentro do terreiro, na hora dos trabalhos. Vamos ficar por aqui, meu filho, nesta segunda lua de trabalho, mas vamos deixar combinado de nos encontrarmos nas próximas nove luas que virão, neste mesmo dia e hora sem falta, porque temos apenas 11 luas para concluirmos este trabalho. Boa noite, e estarei com o meu filho nas próximas luas, conforme combinado.

– Salve o senhor, meu Pai Ogum.

SESSÃO II

Ogum da lua,
mora na mata escura
sentado num toco
ele olha e vê a lua
Mas uma cobra venenosa
sucuri assobiou
Ogum da lua
ele é o vencedor.

Sexta-feira, 25 de fevereiro de 2011, 22 horas

— Salve o senhor, meu Pai Ogum da Lua!

— Ei saravado assim meu filho, vamos continuar de onde paramos. E não se preocupe com esses sonhos que o senhor vem tendo. Está tudo sobre controle, e a tendência é aumentar mais daqui para frente, até o final deste trabalho. Estou pronto.

— Qual a importância de se cantar muitos pontos, nos terreiros de Umbanda, meu pai?

— Os pontos cantados são como mensagens, preces, orações, e têm a função de harmonizar a energia e frequência dos médiuns com suas entidades. São tão importantes que muitos terreiros evoluídos possuem um coral de pessoas com a finalidade de entoar os pontos da melhor forma e com a melhor energia possível durante as giras. Com isso, os médiuns incorporarão suas entidades com um grau bem mais elevado de inconsciência.

— Por que em alguns terreiros de Umbanda fazem o uso do tambor e em outros não? E qual a sua finalidade?

— Muitos terreiros não usam o tambor em suas giras por acharem que o tambor é um instrumento de religião totalmente africana, não fazendo parte da Umbanda. Já outros usam porque acham que a gira com o uso do tambor fica mais forte, ou seja, tem mais vibração. De qualquer forma, não está errado usar ou não o tambor, é uma questão de opinião e direito de cada chefe de terreiro. Para os que usam, o tambor tem a finalidade de, com os pontos cantados harmonicamente, abrir a consciência dos médiuns, facilitando seu relaxamento. Assim, eles podem incorporar suas entidades com mais vibração. Porém, deve ser tocado suavemente e em harmonia com os pontos, isto é, mantendo o nível do som do tambor na mesma altura dos pontos cantados. Nada de exageros com batidas ou pancadas ensurdecedoras como se fosse Carnaval, às vezes, até altas horas da madrugada. Esse tipo de som descontrolado levará a uma desarmonia total, sem fundamento algum a não ser o animismo descontrolado do próprio médium.

– O que o senhor nos diz a respeito das ponteiras de aço, muito usadas nos terreiros de Umbanda?

– As ponteiras servem como para-raios nas giras de Umbanda e sua Linha de Esquerda. Nelas, são descarregadas todas as energias negativas dissolvidas do corpo das pessoas que são vítimas de ataques do astral inferior, e ainda servem para a segurança total dos médiuns de trabalho e do terreiro.

– E por que os médiuns ficam com pés descalços durante as giras, tanto de Umbanda como da Linha de Esquerda?

– A finalidade é quase a mesma das ponteiras, meu filho. Os pés descalços têm um fundamento muito importante nos trabalhos de Umbanda. Servem para descarregar, do corpo do médium para o solo, todo e qualquer tipo de energias negativas e enfermiças atraídas dos consulentes para ele em uma consulta ou um trabalho realizado em benefício de uma pessoa que estiver bastante carregada.

– Devemos bater cabeça para os Exus, Pretos Velhos, Caboclos, Cosmes etc.?

– Todos os médiuns do terreiro de Umbanda devem bater a cabeça, para o congá, para o seu babalorixá, ialorixá, cacique ou chefe do terreiro e sua entidade chefe, beijando-lhe as mãos. O mesmo vale para o seu padrinho ou madrinha e suas entidades, e também para o babalorixá ou ialorixá do chefe do terreiro, quando em visita. Quanto às entidades citadas – com exceção dos Exus –, se os filhos quiserem, podem bater a cabeça, sem problema algum, aos irmãos e visitantes do terreiro; apenas um cumprimento, dando de braço e ombros esquerdo e direito já é suficiente. Se o visitante também for chefe de terreiro, vocês poderão, não obrigatoriamente, na hora do cumprimento, beijar-lhe as mãos.

– O que seria a verdadeira caridade na religião de Umbanda?

– É todo e qualquer tipo de trabalho que se faz direcionado às pessoas com menos poder aquisitivo, sem humilhá-los e sem esperar recompensa material ou espiritual. É um sentimento de amor, bondade e compaixão que vocês devem ter pelos seus semelhantes encarnados e desencarnados. A verdadeira caridade deve estar em todas as religiões e não só na Umbanda. Vocês que leem este livro – sentados na cadeira, debaixo de um teto, agasalhados, alimentados, com a famílias à volta, com emprego garantido e um carro novo, de boa estrutura material –, enfim, procurem ser felizes, agradecidos ao grande Pai, e façam a caridade a seus semelhantes. Pensem um pouco naqueles que não têm nada disso: nas crianças nas ruas que não têm onde dormir nem o que comer; no pai e mãe que não têm emprego e choram por não terem o que dar de comer para seus filhos; na violência familiar de pais que agridem a esposas e seus filhos. Pensem na higiene, na pedofilia, no frio, na chuva, na fome que aterroriza essas pessoas, pensem nos sentimentos de amor que essas pessoas também sentem, mas que, muitas vezes, por falta de aconchego ou de um ombro amigo, transforma-se em ódio. Reflitam bem sobre tudo isso e eu tenho certeza de que, depois disso, vocês desejarão fazer a caridade, que é a ação mais bonita que existe, e os faz se sentirem muito bem.

– O que devemos fazer, nós, médiuns ou não, se sentirmos que somos vítimas de ataques de feitiçaria, enviados por nossos desafetos para nos prejudicar em tudo – caminhos, negócios, saúde, família etc.?

– O mais correto a fazer são banhos de descargas, defumações, ponto de fogo e uma bonita oferenda para sua entidade ou anjo de guarda, pedindo tudo de bom e, principalmente, que cesse esses ataques injustos. Isso é o suficiente.

– Quando devemos fazer uma limpeza espiritual em nossa residência ou no nosso recinto de trabalho?

– Sempre que vocês acharem necessário, independentemente do dia ou do mês. Uma das datas mais importantes é o final de ano, em razão do acúmulo de cargas negativas advindas do excesso de trabalho durante o ano todo, ou até mesmo de espíritos atrasados que se achegam ou são enviados para vibrarem negativamente e influenciarem maleficamente os membros da família ou colegas de trabalho, originando grandes prejuízos. Quando vocês mudarem de residência, ou de local de trabalho, também é um momento propício. Esse tipo de limpeza na casa ou no local de trabalho é como um sacudimento, que também pode ser feito nas pessoas.

– Caso eu tenha um problema de saúde, como posso saber se o problema é material ou espiritual?

– Primeiro você deve ir uma, duas ou três vezes ao médico, para saber se o problema é da matéria. Se, por acaso, o problema não for resolvido, procure um terreiro de Umbanda que, com certeza, ele é espiritual.

– Como devo proceder se na frente da minha casa for colocado um despacho, ou seja, um feitiço?

– Em primeiro lugar, procure não tocar o despacho diretamente com as mãos. Cubra-o com um pano, plástico ou use luvas, a não ser que você seja um bom médium. Quebre dois ou três ovos em cima do despacho, coloque um pouco de mel e perfume por cima de tudo (pode ser do seu uso). Junte tudo envolvendo com um pedaço de pano, plástico ou saco de lixo, de preferência preto, e coloque no lixo ou água corrente – inclusive o pano, o plástico ou a luva que usou. Depois, lave o local com água, mel e perfume e tome um banho de descarga. Feito isso, você pode ficar tranquilo que nada lhe acontecerá.

– O feitiço existe realmente ou é só uma ilusão psicológica da pessoa que o pratica, ou da que se acha vítima?

– Sem sombra de dúvida, o feitiço existe e pode ser praticado por diversas pessoas de várias religiões, tanto para o bem como para o mal, assim como pode ser receptivo por pessoas do bem como do mal. Também pode ser enviado de diversas maneiras que vocês ainda desconhecem nesse plano. E é claro que depende um pouco do psicológico de cada um de vocês.

– Se uma pessoa passar perto, ou até mesmo pisar sem querer em um despacho ou trabalho numa encruzilhada, pode ser atingida por alguma energia negativa contida nele?

– Depende de para quem é endereçado o trabalho ou despacho, qual a sua finalidade, para qual entidade ou espírito foi feito. Quando falo em entidade, refiro-me à confusão que certas pessoas maliciosas fazem quanto a determinadas forças e energias negativas com entidades de Umbanda. Se o trabalho foi endereçado à pessoa que passou perto ou até mesmo pisou sem querer, com certeza surgirá efeito maligno ou benigno dependendo da intenção que havia ali. Por isso, esse tipo de trabalho é realizado quase sempre na encruzilhada perto da residência da pessoa a quem está endereçado o feitiço, assim há mais certeza de que a pessoa poderá passar por perto. Por outro lado, se o trabalho ou despacho não for endereçado à pessoa que passou perto ou até mesmo pisou sem querer, pode atrair para si uma pequena quantidade de energias negativas (se o despacho for para o mal), mas nada que um banho de descarga e uma defumação não resolvam se achar que foi infectada. Porém, pela lógica, se o trabalho for para o bem de alguém, vocês também poderão ser infectados com um pouco de energia positiva. Mas, por via das dúvidas, o mais correto é não dar importância alguma ao passar perto de um despacho: não olhe, não mexa, não zombe, não deboche e não demonstre medo algum. Se preferirem, poderão dizer com respeito e firmeza: "Salve, se for para o mal que não me atinja, se for para o bem que abra todos os meus caminhos em todos os sentidos".

– Qualquer pessoa pode fazer um trabalho ou despacho para o mal, numa encruzilhada perto da residência da pessoa que deseja atingir, que surgirá efeito, ou a pessoa que fizer o trabalho tem que ser devidamente preparada para tal fim?

– Com certeza, vocês já ouviram falar em pessoas com olho grande, inveja etc. Pois é, para esse e qualquer outro tipo de mal a pessoa não precisa ser preparada. Assim é com os despachos ou trabalhos para o mal, realizados nas encruzilhadas ou em outros lugares. Infelizmente, isso é o que mais acontece hoje: qualquer pessoa, sem estrutura nenhuma, sem condições mentais e psicológicas, com um conhecimento mínimo, pode fazer esse tipo de trabalho e, na maioria das vezes, com sucesso absoluto. Coitado, esse tipo de pessoa com certeza não tem conhecimento da lei de reencarnação, ação e reação, e não sabe o que a espera. Quanto a serem devidamente preparados para certos rituais de magia, se assim fosse, jamais fariam esses tipos de trabalho ou despacho nas zonas urbanas, periferias ou encruzilhadas das cidades; procurariam lugares mais adequados e com mais energias e recursos que poderiam ser usados em seus rituais, mostrando-se conhecedores de tais ritos. Mesmo assim, muitas vezes, alguns conhecedores de tais ritos se perdem, tornando-se magos negros desse plano, e fazem mal uso de seus ensinamentos. Isso vale para encarnados e desencarnados. Aproveitam-se deles para conseguirem prestígio, dinheiro, fama, sexo, luxúria e respeito dos seus subordinados, independentemente de terem que passar por cima dos seus semelhantes e até mesmo por cima dos ensinamentos que receberam da própria religião que cultuam. Tudo isso em nome do egoísmo e ambição, sem compaixão alguma pelos seus irmãos.

– Todos os tipos de feitiços são derivados somente dos terreiros de Umbanda? Quem pode desmanchá-los?

– Não, meu filho. Como já falei anteriormente, o feitiço pode vir de diversas formas, de qualquer religião ou pessoa maldosa. Pois existem feiticeiros em qualquer tipo de religião que seja frequentada por pessoas más, invejosas, egoístas, ambiciosas, arrogantes etc. O início da feitiçaria parte primeiramente da mente fraca das pessoas, por não terem conhecimento ou clareza do que é certo ou errado, independentemente da religião que cultuem. Esses feitiços podem ser desfeitos, em qualquer religião verdadeira, desde que seus membros ou médiuns de trabalhos sejam conhecedores de formas de reeducação do pensamento, sejam firmes, estudiosos, esclarecidos e bastante conhecedores de magia ou feitiçaria.

– Os trabalhos realizados com as entidades de Umbanda para trazer a pessoa amada de volta funcionam? E para separar as pessoas?

– Sobre esses tipos de trabalho, meu filho, eu já expliquei para vocês não confundirem certas energias de certos trabalhos com nós, entidades de Umbanda. Vou tentar responder essa pergunta, talvez como vocês queiram, de forma relacionada a nós. Digamos que realmente o trabalho seja direcionado a nós, entidades. Pode até funcionar, mas vai depender muito do psicológico e merecimento da pessoa que mandou realizar o trabalho, e da entidade a que foi direcionado. Se nós acharmos que são merecedores um do outro, não só um, mas os dois, até podemos dar uma ajudinha para que se encontrem, conversem, fiquem juntos e se acertem na vida. O mesmo vale para separar, se acharmos que não tem mais volta, e que esse é o melhor caminho para os dois, até mesmo para evitar problemas maiores – isso tudo sem interferimos no livre-arbítrio de cada um. Porém tenham muito cuidado: o que funciona mesmo é o bolso do Pai de Santo.

– A pessoa que faz um feitiço ou trabalho para o mal de alguém tem tanta responsabilidade quanto a que pede e, na maioria das vezes, paga para ser feito?

– Sim, os dois são responsáveis – principalmente se houver qualquer tipo de danos, tanto materiais como espirituais com a vítima. A pessoa que encomendou, independentemente de ter pagado ou não, é responsável em primeiro grau. E a pessoa que realizou, independentemente de ter recebido ou não para tal fim, é responsável em segundo grau. Essas duas pessoas talvez não saibam que somente a intenção de fazer o mal a um terceiro as levará diretamente à justiça executada pelas leis divinas, que também é chamada de lei de ação e reação. Por isso, sugiro a todos vocês, filhos de Umbanda, que, em sua trajetória religiosa, pensem no bem, façam o bem. Fazer o bem faz muito bem a alguém!

– Existe realmente na religião de Umbanda um ritual que serve para fechar o corpo da pessoa contra todos e tudo que possa existir de maldade no mundo?

– O famoso fechamento de corpo realmente existe, e é um ritual bastante antigo, ainda praticado por muitos umbandistas. Nesse ritual, geralmente são usados corrente de aço, cadeado, chave, ervas e às vezes algumas oferendas para determinadas entidades. Para muitas pessoas, seu fim, comprovado com sucesso, é proteger a pessoa contra o mal visível e o invisível, do tiro, facada, brigas, assalto, olho gordo, inveja, doenças, feitiços e de espíritos malignos etc. Contudo gostaria de esclarecer a todos os filhos de Umbanda que, nos tempos de hoje, o que realmente fecha o corpo material e espiritual do ser humano é a fé; o amor, a caridade e as boas atitudes em relação aos seus irmãos encarnados e desencarnados. Esse ainda é o melhor ritual de fechamento do corpo, pois, com todas essas atitudes, nós, entidades, com certeza estaremos sempre ao lado de vocês, fechando o corpo de cada um na hora que mais precisarem.

– Quando uma entidade fala para uma pessoa que ela tem uma demanda a vencer, ou que está sendo vítima de uma demanda, o que significa?

– Quando uma entidade ou até mesmo alguém lhe disser que vocês estão sendo vítimas de uma demanda significa que uma pessoa está lhe enviando energias negativas espirituais com o desejo de lhe prejudicar no sentido material, espiritual, emocional, físico e financeiro, talvez por inveja, ciúmes ou ambição. Porém, se vocês tiverem uma demanda a vencer, significa que têm algum tipo de problema ou objetivo importante a vencer na vida, podendo ser em relação a negócios, saúde, amor etc.

– Várias pessoas, inclusive chefes de terreiros, falam que criança não pode tomar passe (proteção) com entidades da Linha de Esquerda, ou seja, Exu e Pombagira. Isso é verdade?

– Definitivamente não, meu filho, isso não é verdade, além de ser uma injustiça com nossos irmãos trabalhadores da Linha de Esquerda. As crianças não só podem mas também devem tomar passes. Afinal, é nas mãos delas que está o futuro do planeta de vocês. Esses passes contribuirão para muitas coisas, entre elas a sua formação, seu encaminhamento e seu equilíbrio espiritual. Já as pessoas ou os chefes de terreiros que afirmam isso estão totalmente desinformados e não têm conhecimento algum do que é e de como tratar realmente a Umbanda e sua Linha de Esquerda. Então, vou lhe responder novamente essa pergunta com outra. Pense em uma criança que, logo depois de seu nascimento, começa a sofrer um desequilíbrio mental ou físico fortíssimo, de origem espiritual. Muitas vezes são perseguições de espíritos desajustados ou desafetos de encarnações anteriores, que fazem de tudo para que essa criança não vingue e seu espírito retorne novamente ao mundo espiritual, onde eles tentarão sugá-lo como refém e assim cumprirem sua vingança. Quem, junto com seu anjo de guarda dela, como vocês dizem na terra, defenderá o espírito e a matéria dessa criança desses ataques, independentemente de religião, até o obsidiador ser reajustado?

– A defumação é obrigatória antes de começar os trabalhos de Umbanda ou da Linha de Esquerda?

– Não é obrigatória, mas é aconselhável, como também pode ser feita durante ou no final dos trabalhos. Vocês devem, em primeiro lugar, defumar o congá, os médiuns, os membros da assistência e por último o recinto do terreiro. Deve ser feita sempre cantando um ponto de defumação. Deve-se também, quase no final dos trabalhos, depois de levantar as cargas (toco de cigarros, charutos, velas etc.), esborrifar no ar um pouco de perfume, de preferência alfazema, ou um de sua preferência. Esses cheiros ajudarão no desempenho do médium e da própria entidade na hora da abertura, durante ou no fechamento dos trabalhos. Além das defumações e dos perfumes, existem também os incensos e as essências, que podem ser usados do mesmo modo nos terreiros de Umbanda.

– O senhor pode nos dizer como o médium de Umbanda deve proceder no seu dia a dia, para ter uma melhor evolução espiritual?

– Ele deve cumprir com a sua religião com muito amor e carinho, ser trabalhador, honesto, educado, amável e gentil com todas as pessoas, principalmente com seus pais e irmãos de sangue e de religião; procurar se conhecer melhor e ver se realmente deseja ser médium de Umbanda, porque a tarefa é árdua e os caminhos, espinhosos. Não deve julgar seu semelhante para não ser julgado, mas sim procurar entendê-lo – afinal, ele não é juiz; afastar de si o orgulho, egoísmo, vaidade, rancor e o ódio. Não deve perder tempo desejando o que não pode ser desejado. Deve encher a mente com pensamentos bons sem a cobiça indevida; não ir para o terreiro à procura de alguém do sexo oposto. Deve ter calma, eliminar a pressa, a ansiedade, a euforia; manter o equilíbrio, pois pensamentos iguais se atraem e os contrários se afastam; saber desejar mantendo a paz, a serenidade e a confiança, mesmo nos piores momentos de sua vida. Assim, ele evoluirá espiritual e materialmente a cada dia.

– O que devem fazer os médiuns ao visitarem um terreiro que não seja o que eles frequentam?

– Sempre que o médium for a um terreiro, quer ele o frequente ou não, deve, antes, tomar seu banho de descarga e, ao chegar ao terreiro, saudar o assentamento da Linha de Esquerda (se houver), a porta de entrada do terreiro, o tambor, o congá e o chefe do terreiro. Com esta resposta, damos por encerrado hoje, meu filho, e até a próxima lua.

– Salve o senhor, meu Pai Ogum.

SESSÃO III

Numa bela noite eu caminhava
sozinho pedindo proteção
deu um relâmpago no céu
o céu clareou
me ajoelhei
e Iansã me abençoou.

Sexta-feira, 4 de março de 2011, 22 horas

— Salve o senhor, meu Pai Ogum da Lua!

— Ei saravado assim meu filho, quando quiser podemos continuar de onde paramos. Hoje teremos que ser um pouco breves, porque o meu tempo está meio escasso.

— Meu pai, no terreiro onde eu trabalho o chefe do terreiro manda a gente tomar o banho de descarga e não usar perfume de espécie alguma antes de ir para os trabalhos. Qual é a finalidade disso?

— A finalidade dos banhos de descargas, eu já expliquei anteriormente, meu filho. Quanto ao uso de perfumes, o seu chefe, diferentemente de outros, está corretíssimo: o terreiro de Umbanda, um local de trabalhos espirituais, deve estar com tudo e todos em perfeita harmonia, principalmente os cheiros — na maioria das vezes, é usado o perfume de alfazema durante os trabalhos. São poucos os chefes de terreiros que se dão conta disso, mas imagine só: um monte de médiuns dentro de um salão — muitas vezes pequeno –, cada um usando um perfume mais forte do que o outro, somado com a alfazema que é usada nos trabalhos, mais a defumação que também é cheirosa. Às vezes, nem nós, que somos espíritos, aguentamos. Outro detalhe importantíssimo é que os médiuns, sobretudo as mulheres, não usem adornos de espécie alguma: colares, brincos, pulseiras, tornozeleiras, anéis, relógios etc.

— Além do banho de descarga das saudações, que são obrigatórias quando vamos ao terreiro de Umbanda, de que outra maneira posso mostrar o meu grau de educação e evolução espiritual?

— Comportando-se e vestindo-se de forma humilde, em especial de branco, e deixando irradiar pelo seu rosto a alegria e a satisfação que você sente em ser umbandista e de estar ali naquele momento. Assim, você mostrará o verdadeiro médium que é.

— Podemos falar sobre nossas intimidades do dia a dia (aquelas bem íntimas) com vocês, entidades de Umbanda?

— Até podem, mas não devem. Somente se for um caso de extrema necessidade, pois essas intimidades, além de serem coisas da carne e não do espírito, são do seu livre-arbítrio. Outra coisa que vocês, médiuns, que incorporam suas entidades, nunca devem fazer é pertencer a um terreiro com cruzamento na cabeça e trabalhando na corrente com suas entidades, andarem em outros terreiros ou casas de Umbanda diferentes, consultando para si próprio. Ora, se vocês têm um chefe de terreiro, têm cruzamento nas suas cabeças e têm suas entidades, aprendam a confiar nelas, por maior que seja o problema de vocês, ou então não confiem nelas. Se for este o caso, eu sugiro que assentem nas suas cabeças ou nos seus assentamentos individuais as entidades dos outros, que são aquelas em que vocês confiam e que realmente lhes ajudam, e deixem as suas para ajudar as outras pessoas no terreiro, que não incorporam as suas entidades, mas confiam nelas. Pensem bem: será que um médium que tem suas entidades deve procurar as entidades dos outros para resolver seus problemas? Será que as outras é que são mais fortes ou será que ele é que está se desfazendo das suas, não confiando nelas nem em si próprio? Mas como pode, então, estar incorporado num terreiro com essas mesmas entidades, tentando ajudar os outros que têm fé nelas, se ele mesmo não confia nelas para ajudar a si próprio? Pensem nisso e parem de pular de galho em galhoque como macaco, buscando aquilo que, na maioria das vezes, está dentro de vocês mesmos.

— Se uma pessoa for consultar uma entidade, guia ou protetor, podem lhe dizer, durante a consulta, que seu(ua) companheiro(a) está a traindo com outro(a)?

— Não, meu filho, isso jamais deve acontecer. Uma entidade verdadeira, mesmo sabendo, jamais falará isso a uma pessoa. A finalidade da sua vinda, nos terreiros de Umbanda, é unir e não separar as pessoas. O que ela pode fazer é, se for possível, pedir a presença da pessoa que está traindo e discretamente aconselhar os dois com suas palavras e mensagens. Se for o caso, pode receitar algum trabalho, banho ou defumação, para tentar fazer com que o traidor volte para o caminho certo. E isso vale também para os adivinhadores de cartas, búzios etc. Imagine só: uma pessoa vai se consultar com a entidade, jogar os búzios ou cartas com o Pai de Santo, e lhe é dito que o seu companheiro a está traindo com outra pessoa. A mulher chega em casa furiosa, conta tudo para o marido, briga e se separa. O marido, também furioso e fora de controle, vai à casa do Pai de Santo e dá um tiro nele ou na entidade, se for o caso. Então me diga: isso é coisa que uma verdadeira entidade ou Pai de Santo faça?

– Quando nos aprontamos, ou seja, cumprimos todos os rituais exigidos na Umbanda e em sua Linha de Esquerda, tornando-nos chefes de terreiro com todas as entidades assentadas, devemos nos enaltecer com isso?

– Nunca, em hipótese alguma. Vocês são apenas veículos das entidades. Elas é que devem ser enaltecidas por vocês. E nunca façam comparações de aprontamentos, doutrinas ou entidades. Religião não se discute, apenas cultua-se, e vocês são responsáveis pela sua grandeza ou desvalorização.

– O que é e para que serve uma guia de Umbanda?

– A guia é uma espécie de colar feita de caroços, sementes, favas, raízes, plantas, alguns objetos do mar ou do rio etc., substituídos na maioria dos terreiros por miçangas coloridas. É destinada a nós, entidades, guias e protetores, para imantarmos certas forças e energias positivas nela, para servir de instrumento de defesa tanto para nós quanto para os médiuns em ocasiões especiais de trabalhos, como entrar em contato com vários tipos de energias negativas. Ela deve ser bem feita e bem preparada, conforme for dito por nós, obedecendo a todas as instruções, sem "invencionice", para poder fixar ou eliminar magias de Umbanda com sucesso.

– Caso a guia do médium venha a arrebentar durante uma gira ou durante um trabalho que está sendo realizado, isso pode significar que o médium está carregado? O que devemos fazer com a guia arrebentada?

– Pode, sim, significar que o médium está um pouco carregado, ou até mesmo sendo vítima de algum ataque espiritual. Como pode significar que a guia esteja bastante usada e um pouco ressequida, colaborando para que isso aconteça. Por via das dúvidas, despache a guia arrebentada num verde ou em água corrente e providencie outra, urgentemente.

– Qual é a finalidade dos pontos riscados na Umbanda e sua Linha de Esquerda?

– Todos os pontos riscados por nós com pemba têm a finalidade de identificar por completo a entidade incorporada na matéria; sua origem, seu nome, sua falange, sua qualificação e seu grau de evolução. Além disso, são usados também para a imantação de certas forças e energias através de seus sinais, símbolos e escritas, confeccionados com pemba de várias cores. A exceção são os Cosmes, que não riscam ponto.

– O senhor pode nos aconselhar sobre o que devemos fazer quando ouvimos críticas em relação a nossa Umbanda, que é o que mais ouvimos das pessoas ultimamente?

– Meu filho, há um ditado muito antigo, mas correto, de vocês que diz assim: "o que vem de baixo não me atinge". Então, nessa hora, procurem manter a calma; escutem, não briguem; não se exaltem, sejam humildes, compreensivos e lembrem que as coisas materiais, espirituais e astrais devem ser como o sol, a lua e as estrelas, que nascem, aquecem e dão vida sem alarde e sem brigas.

Abrace essa pessoa e diga que você a entende por ela realmente entender ou não a religião de Umbanda.

– Qual o motivo de as pessoas entrarem para a Umbanda, ficarem um tempo e depois saírem falando mal, contando tudo sobre os rituais de que participaram, trabalhos e oferendas que não deram certo e que caíram ainda mais em todos os aspectos da vida?

– Esta é uma ótima pergunta, meu filho. São vários os motivos de essas pessoas entrarem e saírem da religião de Umbanda, dentre eles: elas entraram somente para que a Umbanda, e não elas próprias, resolvesse todos os seus problemas diários. As casas em que elas entraram não são terreiros de Umbanda mas casas comerciais que vendem uma imitação da Umbanda. Caso contrário, não fariam, em tão pouco tempo, certos rituais, trabalhos e oferendas para elas, sem mesmo ter um tempo para observação. Esses mesmos rituais, trabalhos e oferendas, feitos e vendidos a essas pessoas, podem até ser parecidos ou iguais aos que os verdadeiros umbandistas fazem nesse plano. Mas, no astral, não têm fundamento algum, por isso não deram certo. E essas pessoas só caíram em todos os sentidos da vida porque não têm fé e não creem em nada; só acreditam em algo se os ajudar a vencer suas mazelas ou as curarem "disso" ou "daquilo". Pobres almas, frias e calculistas... Entraram e saíram da Umbanda, sem mesmo terem entrado; viveram e vivem na ilusão de uma religião materialista e não espiritualista. Esses são alguns entre tantos motivos que não citarei para não nos estendermos muito.

– O médium de um terreiro deve estudar sobre a religião de Umbanda, ler livros de vários autores e procurar se informar sempre sobre a Umbanda ou deve seguir somente o fundamento (sistema) do terreiro que frequenta?

– Ler é cultura, meu filho. Se lerem qualquer parte do jornal, já estarão se informando e se atualizando. Não pode haver progresso ou evolução espiritual sem progresso ou evolução intelectual. E a evolução e o progresso de um bom médium devem ser alinhados junto a muitas pesquisas e estudos, principalmente de vários autores, para que possa somar o seu conhecimento ao fundamento do terreiro que frequenta. Estudar a religião deveria ser uma lei dos terreiros de Umbanda, embora muitos médiuns não a estudem porque não gostam de estudar, porque não têm tempo de ler livros ou porque muitos chefes de terreiros, por serem egoístas ou até mesmo semianalfabetos, proíbem os médiuns do seu terreiro de estudarem ou lerem livros. Dessa forma, não se tornarão melhores do que eles próprios ou até mesmo para não lhes fazerem perguntas às quais não saberão responder. Alguns chegam até a ser desconfiados demais. Com razão, pois o que eles fazem para os outros é por receio de que os outros façam o mesmo para eles.

– Para ser um bom médium de Umbanda, é preciso estudar também sobre as forças e energias da natureza?

– Sem dúvida alguma, sobretudo sobre as ervas, plantas, raízes, caule, cascas, flores, frutos, incensos, essências e aromas, utilizados com muito sucesso na religião de Umbanda, nos seus banhos e defumações. Com o usufruto dessas forças e energias da natureza, vocês poderão se livrar de toda a má sorte que possam atrair na vida. Outro item importante, para se tornar um bom médium, é a disciplina emocional de vocês. Procurem controlar a ansiedade, a agitação, a pressa, a precipitação, o nervosismo etc.; aprendam a conservar o silêncio interior, para que a sintonia com suas entidades se consolide de maneira natural, espontânea e segura. Deixem os orgulhos de lado, pois eles têm posto a perder numerosos médiuns dotados das mais belas e fascinantes faculdades mediúnicas.

– O que o senhor nos diz a respeito de vários livros, de vários autores, trazendo cada um deles uma doutrina diferente de Umbanda?

– Veja bem, meu filho, a doutrina de Umbanda é a mesma ao longo da sua história. As mudanças devem-se ao fato de que é a religião mais universalista de todas do plano de vocês, incorporando abertamente conhecimentos e práticas de outras religiões. Por ser aberta a todos os espíritos e pessoas, independentemente de sua evolução, cultura, crença, raça, cor, situação financeira ou até mesmo grau de alfabetização, todos são bem-vindos e considerados povo de Umbanda. Como vocês todos, seres encarnados, e nós, espíritos ou entidades, estamos constantemente em processo de evolução. Ocorrem diferenças entre um livro ditado ou psicografado por um espírito ou entidade que está no começo de sua evolução, mas que já quer passar o que aprendeu para outros, e aquele ditado ou psicografado por um espírito evoluído. Ou até mesmo entre um que seja escrito por um autor semianalfabeto e outro por um mais instruído. Sendo o plano terra considerado um colégio de aprendizados, todos os livros são de suma importância, apesar das diferenças. Isso porque cada um atingirá aqueles que estão no seu mesmo nível de evolução. É como uma escada: deve-se começar pelo primeiro degrau e seguir gradativamente até o último. Eu, considerado por muito uma entidade bastante evoluída, sou obrigado a, dependendo da minha missão ou tarefa espiritual nesse plano, descer a um nível mais baixo de evolução. Assim, posso ser compreendido por aqueles que desejo alcançar. Desse modo, desde o livro espírita ou espiritualista mais simples de Umbanda ao mais intelectualizado, todos são bons e fazem parte de uma evolução material e espiritual umbandista, se assim posso falar. Só procurem tomar cuidado com livros feitos por narradores e aproveitadores, e não por autênticos escritores e pesquisadores da religião de Umbanda e sua Linha de Esquerda.

– Aqui no Brasil e em outros países, alguns escritores e conhecedores famosos da religião de Umbanda falam que a sua doutrina deveria ser codificada. O senhor acha que um dia isso acontecerá?

– Embora muitas entidades, guias, protetores e alguns seres humanos encarnados queiram que isso aconteça, eu, particularmente, acho muito difícil uma codificação 100% da Umbanda. Somente o tempo nos dirá. O plano em que vocês vivem hoje é muito grande, e a forma de cultuar a religião de Umbanda varia muito de um estado ou país para outro, da mesma forma que os costumes do carioca são diferentes dos do gaúcho, que por sua vez são também diferentes dos do paulista etc. O mesmo acontece com os rituais praticados por vocês dentro da Umbanda e de sua Linha de Esquerda. Além disso, muitos espíritos e entidades da corrente umbandista trazem a sua própria essência, origem e também o seu diferente grau de evolução, dependendo do plano em que se encontram, seja ele inferior ou superior. Algo que pode e já está acontecendo é essa facilidade eletrônica de as pessoas se comunicarem via internet, trocando conhecimentos, ideias, fundamentos, rituais, doutrinas, fotos e também mostrando seus rituais e suas festas – além de, é claro, divulgarem e mostrarem mais a religião de Umbanda. Com isso, todos saberemos uns outros como fazem, praticam, trabalham, dirigem e cuidam dos seus médiuns e de seus terreiros. Quem sabe, com essa facilidade da tecnologia, os umbandistas tenham mais contato entre si e se unam mais na mesma direção, para que seus rituais e doutrinas sejam mais parecidos. Talvez assim, e com o tempo, a Umbanda se torne automaticamente mais uniforme, codificando-se em alguns dos seus rituais. Vamos torcer e esperar para que isso aconteça.

– O senhor acha que essas diversidades internas em seus rituais, trabalhos e oferendas prejudicam ou prejudicaram a religião de Umbanda durante esses anos todos?

– Muito pelo contrário, meu filho. Esse bombardeio de livros diversos editados até hoje sobre a Umbanda serviu para que cada médium ou chefe de terreiro colocasse um pouco da sua essência como espírito e buscasse mais conhecimentos, estudando e pesquisando mais sobre a Umbanda. Dessa forma, adquire-se mais fé, força e energia, o que vocês chamam nesse plano de axé. Pense um pouco: os terreiros de Umbanda, com todas as suas diferentes formas de realizar os seus rituais durante esses anos todos, sobreviveram até os dias de hoje. Imagine só quando se juntarem ou tentarem tornar a religião mais uniforme, codificando alguns dos seus rituais. Na língua de vocês, poderíamos até dizer que é a união da diversidade de vários axés, tornando-os uma força só.

– A religião de Umbanda aceita os ensinamentos de Kardec?

– Com certeza. A Umbanda aceita todo e qualquer tipo de ensinamento religioso espírita e espiritualista que seja bom para a matéria e para o espírito em evolução, tendo como princípios básicos e fundamentos as lições dos Caboclos e Pretos Velhos.

– A Umbanda e a sua Linha de Esquerda podem seguir caminhos diferentes?

– Definitivamente não. Em hipótese alguma uma sobreviveria sem a outra. Ambas se completam; é como o positivo e o negativo: uma depende da outra, para que evoluam juntas.

– O senhor poderia nos dizer do que trata realmente a religião de Umbanda em relação a nós, seres humanos?

– A religião de Umbanda trata de muitas coisas, principalmente do aperfeiçoamento das matérias de vocês e dos espíritos de qualquer classe, raça ou ordem, encarnados ou desencarnados. É um movimento gigantesco de várias entidades com que, através de nossas consultas, conseguimos levar socorro a muitas pessoas com diferentes tipos de problemas, sejam materiais ou espirituais, que perturbam o dia a dia de vocês.

– No seu ponto de vista, como é composta a religião de Umbanda, hoje, no Brasil?

– Hoje, pode se dizer que a Umbanda é considerada um produto da influência, sincretismo e mistura de três religiões: africanismo, catolicismo e espiritismo.

– É verdade que depois que a pessoa entra para a religião de Umbanda não pode mais sair, sob pena de levar surras e ser castigado pelos orixás, guias, entidades e protetores de Umbanda?

– Isso não é verdade, meu filho. Muitos chefes de terreiros, ou melhor, charlatões, além de não ensinarem religião e não fazerem nada pelos seus médiuns, ameaçam-nos que, se saírem dos seus terreiros, serão castigados por nós, simplesmente para não os perderem como médiuns. Se assim fosse, toda vez que uma pessoa saísse de uma religião qualquer e fosse para outra, haveria uma guerra entre nós, entidades, guias e protetores das duas religiões, um querendo surrar e o outro querendo proteger a pessoa. Essa não é a nossa finalidade, nem dos nossos irmãos que atuam em outras religiões apenas com nomes diferentes dos nossos. Muitas pessoas vivem trocando de religiões e até mesmo passando por difíceis provações materiais – que talvez vocês chamem de surras – porque, mesmo sem saberem, possuem um grau altíssimo de mediunidade, e estão apenas tentando se encontrar espiritualmente, sendo lembradas seguidamente pelo astral do compromisso assumido por elas antes mesmo de nascer. Vocês podem sair da Umbanda para outra religião e voltar para ela sempre que acharem necessário, sem problema algum. O que a Umbanda quer é que vocês evoluam tanto material quanto espiritualmente, e, para isso, não podem ficar, em hipótese alguma, sem nenhuma religião. O mesmo vale para qualquer outra religião.

– O senhor poderia nos dizer por que os Caboclos, Pretos Velhos, Exus etc. fumam e bebem durante os trabalhos?

– A maioria de nós, entidades de Umbanda, consome fumo e bebida alcoólica pelo fato de a fumaça ser usada como defumador, ou seja, desagregador de maus fluidos espirituais. Esses itens também são usados como concentradores, dispersadores, repulsadores, atraidores e condensadores de energias positivas e negativas dos médiuns, bem como das pessoas e do local onde estão sendo realizados os trabalhos. Então, não há necessidade de o médium ou entidade tragar o charuto ou cigarro, nem ingerir muita bebida alcoólica, sendo que esta pode até ser substituída, se assim desejar o médium ou a entidade, por água pura, água com açúcar, água com mel, água com sal ou refrigerante de guaraná.

– E a incorporação de espíritos infantis na Umbanda, o que significa?

– Significa amor, simplicidade, felicidade, meiguice, inocência, entusiasmo, ternura, fraternidade, enfim, tudo que o ser humano deveria ser antes de aprender comportamentos tolos como ambição, inveja, orgulho, ódio etc. Por hoje é só, meu filho. Fique em paz.

– Salve o senhor, meu Pai Ogum.

SESSÃO IV

*Relampeou, relampeou
foi o corisco
de Xangô que aqui chegou
Lá na pedreira
uma pedra se partiu
foi Xangô que aqui chegou
mas ninguém viu.*

Sexta-feira, 11 de março de 2011, 22 horas

— Salve o senhor, meu Pai Ogum da Lua!

— Ei saravado assim, meu filho, estou muito contente com você e com o rumo que nossas conversas estão tomando. Vamos em frente.

— Meu pai, quem são os Caboclos que incorporam nos nossos terreiros de Umbanda?

— Os Caboclos são aqueles que trazem suas flechas, bodoques, lanças e machadinhas, os que comandam as giras de Umbanda e, muitas vezes, são, incorporados em seus médiuns, que entram nas matas para procurarem as ervas necessárias para a feitura dos amacis, que são usados no cruzamento dos seus filhos. São, enfim, os que trabalham na Umbanda, para o bem da Umbanda.

— E os Boiadeiros, que, muitas vezes, presenciamos incorporados na Umbanda e outras vezes na Linha de Esquerda, quem são realmente?

— Os Boiadeiros também são Caboclos, mas fogem um pouco do centro das matas virgens, trabalhando mais nas clareiras das matas. São muito confundidos com Exu, por causa de seu jeito de chegar nos terreiros, de seu jeito de cumprimentar, dançar, cantar etc. Porém, são Caboclos e não Exus, como muita gente pensa. São Caboclos rudes, de fala grossa e forte; têm muitos sentimentos e costumam rir da ignorância das pessoas que fazem pedidos absurdos.

— De quanto em quanto tempo deve se realizar uma gira da Linha de Esquerda no terreiro de Umbanda?

— A gira de esquerda deve ser feita sempre que houver necessidade, ficando a critério do chefe do terreiro ou da entidade-chefe. Pode-se intercalá-la a algumas giras de Caboclos, Pretos Velhos e Cosme. Ou, se assim preferirem, poderá ser feita uma a cada início ou fim de mês.

— Em relação à vestimenta, o que o senhor acha que, dentro do terreiro de Umbanda, devem vestir os médiuns e os membros da corrente?

– Obrigatoriamente, os homens devem vestir camisa e calça branca; as mulheres, camisa e saia branca. O mesmo vale para os membros da corrente. Quando a gira for da Linha de Esquerda, todos podem usar roupas escuras, por exemplo vermelho, preto, cinza, roxo, lilás e azulão, que são cores pertencentes aos Exus e por eles usadas muitas vezes para que possam entrar e sair sem serem reconhecidos como vindos de certos locais como o baixo astral, a crosta terrestre etc. Isso, porém, não impede que todos usem roupa branca na gira da Linha de Esquerda.

– Quais são as guias indicadas e de uso obrigatório para os médiuns e para os membros participantes da corrente, durante os trabalhos no terreiro?

– Essa questão pode variar de um terreiro para o outro, meu filho, mas eu sugiro que as guias essenciais para os médiuns que trabalham com suas entidades de Umbanda sejam: uma guia da sua entidade de cabeça; uma guia do Preto Velho ou Preta Velha; uma guia da entidade da Linha de Esquerda; uma guia de sete linhas e, por fim, uma guia da entidade chefe do terreiro, que representará a bandeira da casa que o médium frequenta. Para os membros participantes da corrente que não incorporam, são suficientes: uma guia de sete linhas; uma guia da bandeira da casa, ou seja, da entidade chefe do terreiro e, finalmente, uma guia que represente a Linha de Esquerda.

– As imagens católicas são necessárias no congá de Umbanda?

– Não obrigatoriamente, até mesmo porque, hoje, a Umbanda possui imagens africanas que mais se assimilam a suas raízes. De qualquer forma, essas imagens são somente catalisadoras de energias, servindo apenas como ponto de apoio para o médium obter uma melhor e maior concentração na hora dos rituais. O mesmo vale para as orações, preces de abertura e encerramento dos trabalhos, que são eles entre vocês, seres humanos, e o grande pai Oxalá e seus mensageiros.

— Vejo muitas flores nos congá de Umbanda. Qual é a finalidade delas?

— As flores usadas nos congá de Umbanda servem para harmonizar, embelezar e perfumar o recinto com seus perfumes característicos e exaladores da flora vegetal. É um dos atos mais bonitos de vocês, esse de esperarem as suas entidades baixarem com seus congás repletos de flores e perfumes.

— Para montarmos um congá de Umbanda, somos obrigados a ter muitas imagens?

— Não, meu filho, como eu já lhe expliquei antes sobre as imagens, se vocês quiserem montar um congá de Umbanda, vocês só precisam ter uma imagem de Oxalá, uma quartinha branca com água, flores, velas e perfumes — podendo, também, caso não tenham um congá ou altar, ser uma mesa com toalha branca. Isso é o suficiente. Se preferirem acrescentar outras imagens, coloquem Iemanjá, Oxum, Iansã, Ogum, Xangô, Oxóssi, Cosme e Damião, e um casal de Pretos Velhos, todos acompanhados de quartinhas com água. Querendo acrescentar outras mais, ficarão a critério de vocês.

— Todas as oferendas e trabalhos realizados dentro do terreiro de Umbanda devem ser arriados no congá ou, dependendo da oferenda ou do trabalho, no assentamento de Exu e Pombagira, para que sejam velados e depois despachados nos pontos de força da entidade para a qual eles foram direcionados? Ou podemos fazê-los e levá-los com suas respectivas velas direto no ponto de força da natureza referente à entidade para a qual é destinado o trabalho, deixando as velas acesas?

— No ato de realizar qualquer magia, ritual, trabalho ou oferenda, direcionado a uma entidade de Umbanda ou da sua Linha de

Esquerda, vocês estarão lidando, automaticamente, não apenas com a sua fé, mas também com energias, fluidos e vibrações da natureza e da entidade escolhida que, nesse momento, se relacionarão com vocês. Portanto, eu aconselho que a maioria dos rituais, trabalhos, magias e oferendas realizados dentro dos terreiros seja arriada em seu congá ou em seu assentamento da Linha de Esquerda. Assim, podem ser velados e depois despachados no ponto de força ou de origem da entidade ao qual foi destinado – e não perde o costume de, algumas vezes, levá-lo direto nos pontos de força da natureza, principalmente quando forem oferendas, mas também para não perderem o contato com essas forças divinas, onde vocês encontrarão diversas entidades da corrente astral da Umbanda, que, com suas forças vibratórias locais, muito lhes ajudarão em suas saúde física e mental.

– E quanto à Quaresma? O centro de Umbanda deve parar seus trabalhos?

– Embora a Umbanda possua elementos do Catolicismo, isso não quer dizer que ela seja católica, e a Quaresma é algo do contexto católico. Portanto, todos os umbandistas estão livres para trabalharem durante esse período, sobretudo com a Linha de Esquerda, para desfazerem a nuvem de energias negativas geradas pelo consumo em excesso de bebidas, fumo e drogas, bem como pela prática excessiva de sexo durante a festa de Carnaval.

– Quais são os orixás cultuados nas nações africanas (Cabinda, Jeje, Nagô, Ijexá, Candomblé etc.) que também são considerados orixás dentro da religião de Umbanda?

– Na direita, Ogum, Oxum, Oxalá, Iemanjá, Oxóssi, Xangô, Iansã; na esquerda, Obaluaê (Omolu).

– O que significa orixá na Umbanda? E qual a diferença entre os orixás da Umbanda e os de nação africana?

— Os orixás são deuses do panteão africano, considerados como regentes das forças da natureza; nasceram e vivem juntos para dirigirem diferentes funções no universo, entre elas, o processo de criação, manutenção, administração e evolução deste. Não há diferença alguma entre um e outro, todos são orixás.

— Se os orixás são considerados deuses, como pode uma pessoa comum incorporar, num terreiro de Umbanda, um orixá, um Oxum, uma Iemanjá, um Xangô etc.?

— Veja bem, meu filho: os médiuns que trabalham nos terreiros de Umbanda incorporam espíritos (Boiadeiros, Marinheiros, Caboclos, Pretos Velhos, Exus, Cosmes etc.), alguns ainda em estágio de evolução. Porém, na maioria das vezes, alguns desses espíritos, por serem bastante evoluídos, incorporam nos seus médiuns e, com permissão dos orixás, usam seus nomes: Iansã, Oxóssi, Oxum, Ogum etc. Contudo, há também os que incorporam entidades que se apresentam com nomes de orixás: Iemanjá, Oxum e, às vezes, até Oxalá. Mas, na verdade, não estão incorporando um espírito nem um orixá, estão apenas trabalhando com o fluido desses orixás. Se essas pessoas viessem a incorporar realmente um orixá, seus corpos não suportariam tamanha energia.

— E nós podemos fazer assentamentos desses orixás na Umbanda?

— Não, assentamentos de orixá só são feitos na nação africana. Na Umbanda, o que vocês podem ter e fazer é uma representação do orixá no congá, ou seja, uma imagem devidamente cruzada, representando o orixá, e uma quartinha branca, ou na cor do orixá, com água, flores e perfumes. Assentamento, na Umbanda, só pode ser feito para Exu, Pombagira, Africano, Preto Velho, Preta Velha e, em alguns casos raríssimos, para Boiadeiro e Marinheiro.

— E qual é a diferença do Candomblé para a Umbanda, o senhor pode nos explicar?

– Em poucas palavras, o Candomblé trata mais com os orixás, ou seja, divindades ligadas aos elementos da natureza, através de oferendas e sacrifícios de animais, buscando uma nova vida aos iniciados e seus adeptos, e também a doutrinação de suas matérias. Já a Umbanda trata mais do espírito dos iniciados, evangelizando-os e preparando-os para futuras encarnações. Em comum, as duas têm apenas um orixá, Ogum e uma iemanjá.

– Então, na Umbanda, não é obrigatório raspar a cabeça e, para cultuar os orixás, sacrificar animais?

– Eu já falei para o meu filho antes que, na religião de Umbanda, nada é obrigatório; tudo tem que ser de livre e espontânea vontade de cada um. Quanto a raspar a cabeça e sacrificar animais para os orixás, isso são rituais pertencentes às nações africanistas (Candomblé, Nagô etc.), que não são o objetivo deste livro e, sim, a religião de Umbanda e sua Linha de Esquerda.

– Que nome devemos usar quando formos nos referir a Deus na Umbanda?

– Dependendo do país, estado ou terreiro que é frequentado – e também da raiz seguida dentro da religião de Umbanda –, Deus pode ser chamado, reverenciado e adorado pelos médiuns com os nomes de: Zâmbi, Tupã, Olórum, Olodumaré, Oxalá etc.

– E sobre batizado, comunhão, crisma, casamento e morte de um médium de Umbanda, o que o senhor nos diz?

– Sendo vocês umbandistas, devem viver conforme os princípios da Umbanda, porque dentro dela também existem rituais de batizado, comunhão, crisma, casamento, missas e funeral. Saibam que uma das piores coisas que pode acontecer para um espírito umbandista é ser desencarnado da matéria de repente e, na hora do seu funeral, a família chamar um padre católico para realizar os atos fúnebres.

— Então não podemos mandar rezar missa católica para a alma de um umbandista?

— Absolutamente não. Como já falei anteriormente, a Umbanda possui cerimônias próprias para cada caso e necessidade, desde o nascimento até a desencarnação dos seus médiuns. Por que vocês vão usar cerimônias de outras religiões, se vocês têm as suas?

— Por que muitas pessoas se referem à Umbanda como macumba e, aos seus seguidores, como macumbeiros?

— Porque essas pessoas são totalmente sem cultura e desinformadas; não sabem que a palavra macumba significa apenas um instrumento musical, assim como macumbeiro são apenas aqueles que os tocam. O mesmo vale para as oferendas e despachos, que muitos chamam de saravá, sendo que essa palavra não passa de um cumprimento. O que essas pessoas deveriam fazer, ao invés de ficarem falando bobagem, é estudar um pouco mais o português de vocês.

— O senhor pode nos citar alguns tipos de mediunidades que encontramos nos terreiros de Umbanda, e quais os seus estados?

— Não só nos terreiros de Umbanda como em outras religiões existem vários tipos e estados de mediunidades, entre eles: vidência e clarividência auditivas e intuitivas, materializações, psicografia, incorporação, dentre outros, podendo ser conscientes, semiconscientes, inconscientes etc. Na maioria das vezes, essa mediunidade é um dom mais apurado que vocês pedem antes mesmo de encarnar e nós, entidades, concedemos, a fim de oferecer uma nova oportunidade para vocês trabalharem em benefício dos irmãos mais necessitados ou até mesmo de quem já tenha prejudicado em vidas anteriores.

— O senhor pode nos explicar melhor e com poucas palavras o que significa mediunidade?

— Claro, meu filho. Mediunidade é um dom que todos os seres humanos possuem, mas que é mais apurado em alguns, permitindo que se comuniquem ou que sirvam de intermediários nas comunicações entre nós, entidades, espíritos encarnados e desencarnados, que somos espíritos encarnados e desencarnados. É como se fosse um receptor de ondas, energias, vibrações e impulsos emitidos do plano astral por nós, entidades, guias, protetores e seres ou espíritos evoluídos ou em estágio de evolução. Não é exclusiva para algumas pessoas ou religiões. Assim, ela tanto pode se manifestar em espíritas, espiritualistas, católicos, evangélicos e ateus quanto em pobres e ricos, em sábios ou ignorantes, em brancos ou pretos.

– Por favor, fale-nos um pouco da mediunidade de incorporação, que é a mais usada nos terreiros de Umbanda.

– Na mediunidade de incorporação, é a entidade que assiste o médium, deixando-o consciente, semiconsciente ou, raramente, inconsciente na hora dos trabalhos, atuando, em especial, sobre a cabeça, para enviar-lhe fluidos sobre a parte mental, nervosa e sobre os membros superiores e inferiores.

– Dentro da religião de Umbanda, existe realmente a incorporação mediúnica totalmente inconsciente?

– Sim, existe, mas são muito raras. Toda a incorporação mediúnica se processa através da mente refletora do médium, por isso a maioria das incorporações nos terreiros de Umbanda é semiconsciente. Apenas os médiuns mais antigos, estudiosos e bem evoluídos podem incorporar de modo inconsciente. Por hoje, vamos dar por encerrado, meu filho, pois estou vendo que você está muito cansado agora. Fique em paz.

– Salve o senhor, meu Pai Ogum.

SESSÃO V

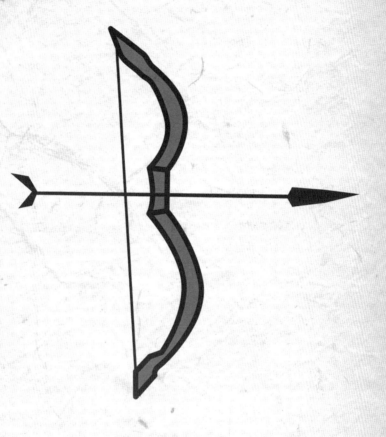

Caboclo roxo da pele morena
ele é Oxóssi,
o caçador lá na jurema
Ele jurou, ele jurará
Quando ouvir os conselhos
que a jurema vai lhe dar.

Sexta-feira, 18 de março de 2011, 22 horas

– Salve o senhor, meu Pai Ogum da Lua!

– Ei saravado assim, meu filho, como tem passado o senhor?

– Muito bem, meu pai. Só estou um pouco ansioso com relação à responsabilidade deste trabalho.

– Não se preocupe, pois o meu filho está se saindo muito bem. Vamos continuar.

– Uma pessoa que não frequenta um terreiro de Umbanda, tampouco conhece um, pode, seguidamente, passar mal em sua casa e sentir que uma entidade de Umbanda está se aproximando ou incorporando nela? Nesses casos, o que ela deve fazer, meu Pai?

– Pode, meu filho, isso é uma das coisas que mais acontece no início do desenvolvimento de um médium. Muitas vezes, nós, entidades, somos obrigados a dar alguns cutucões como forma de aviso, para lembrar ao médium o compromisso assumido com a Umbanda, antes mesmo de encarnar nesse plano. Quando isso estiver acontecendo, a pessoa deve, urgentemente, procurar um terreiro sério, conversar com seu dirigente e passar a fazer parte do seu corpo mediúnico. Caso a pessoa ache que ainda é cedo para desenvolver sua mediunidade, deve, se possível, pelo menos fazer um dos rituais de Umbanda que é feito para segurar a sua mediunidade e evitar que continue a prejudicá-la. Veja bem, isso é apenas um calmante. No futuro, a pessoa terá que cumprir seu compromisso, assumido perante a Umbanda.

– O que acontece se um médium desenvolver a sua mediunidade e seguir trabalhando com a sua entidade com o nome trocado, por falta de cultura dele, do próprio Pai de Santo, cacique ou chefe de terreiro que o desenvolveu?

– Se isso acontecer, meu filho, será apenas uma troca de nome e, como você mesmo disse, por falta de cultura ou esclarecimento tanto do médium quanto da pessoa que o desenvolveu. No futuro, a própria entidade pode corrigi-lo ou continuar assim, para não passar por cima da pessoa que o desenvolveu. Afinal de contas, essa troca não prejudicará o médium, tampouco a entidade, pois trata-se apenas de um nome, nada mais. Podem nos chamar de espíritos, entidades, guias e protetores, de João, Pedro ou Maria, que isso não nos afetará nem mudará nada dos objetivos e compromissos que temos de alcançar com vocês, pois somos e continuaremos sendo apenas espíritos.

– A incorporação de vocês, entidades, guias ou protetores, nos seus médiuns de Umbanda, aqui nesse plano, tem algum proveito para vocês?

– Sim. Toda e qualquer incorporação de uma entidade ou espírito nesse plano tem como objetivo principal o melhoramento e crescimento espiritual, tanto da entidade ou espírito incorporante como do seu médium, além da coletividade a sua volta. E isso da mesma forma como cada encarnação de vocês, nesse plano, tem o objetivo de melhorar e evoluir seus espíritos. Assim, se um dia for necessário para o cumprimento de alguma missão nesse plano, ou para nossa própria evolução, nós, Caboclos, Pretos Velhos, Exus ou qualquer outra entidade que incorpora ou se comunica num terreiro de Umbanda, também reencarnará.

– Uma criança com menos de 14 anos de idade e um grau de mediunidade incorporativa altíssimo pode incorporar com sua entidade na Umbanda e em sua Linha de Esquerda, podendo até mesmo beber e fumar?

– Meu filho, como você todos já deve saber, médium todos são e não há idade para qualquer tipo de mediunidade. Em relação à Umbanda e à mediunidade incorporativa de um jovem, o que nós aconselhamos é que, para incorporar e trabalhar com alguma entidade pertencente à Umbanda e à sua Linha de Esquerda, ele tenha no mínimo 15 ou 16 anos de idade – isso se for bem desenvolvido e bem estruturado, material e espiritualmente; caso contrário, não. Quanto à entidade beber e fumar, ela jamais deve fazê-lo, pois, se a entidade for verdadeira, não pedirá nem aceitará qualquer tipo de bebida alcoólica ou algum tipo de fumo, ciente de que pode prejudicar a matéria que ocupa, ainda muito nova e em estado de formação. O mais correto a fazer quando o jovem tiver tendência a incorporar uma entidade de Umbanda e contar menos de 16 anos de idade é fazer uma segurança para reter a sua mediunidade e não deixá-la incorporar nenhuma entidade até, pelo menos, a idade adequada, para não prejudicar a sua saúde, formação e personalidade, que ainda estão em processo de andamento. O jovem deve apenas participar das giras ajudando a cantar, a servir as entidades etc. Além disso, deve estudar bastante a religião e seus fundamentos. Depois desse aprendizado e de muito estudo, então poderá incorporar suas entidades e, com certeza, será um bom médium de Umbanda e de sua Linha de Esquerda.

– O que o senhor nos diz a respeito da mediunidade de outras pessoas que fazem parte do terreiro, mas que não incorporam, como o cambono, o tamboreiro e algumas pessoas que fazem parte da corrente ou do coral?

– Como já falei anteriormente, médium todos vocês são. Estas pessoas, mesmo sem incoporarem, são de uma mediunidade importantíssima dentro do terreiro de Umbanda. Não sabem que, inconscientemente, são suas entidades que, com seus bons pensamentos e energias positivas, seguram toda a parte material dos trabalhos realizados dentro do terreiro, enquanto nós seguramos toda a parte espiritual. Sem elas, seus pensamentos, suas energias e entidades, que nos ajudam a completar uma corrente material e espiritual, não poderíamos fazer muito para ajudar vocês, sobretudo em um terreiro. E quanto àquelas pessoas bem antigas na Umbanda, que não incorporam suas entidades, pois ainda não estão totalmente prontas, quando julgarmos que estão prontas, sem dúvida as usaremos como matéria de incorporação.

– Meu pai, responda, por favor, à dúvida que se segue: "Sou uma senhora de idade e médium muito antiga de um terreiro, só que estou afastada da corrente porque o meu médico me proibiu de colocar os pés no chão, por motivo de saúde, como o senhor próprio sabe. Gostaria de saber se, mesmo meu guia nunca tendo usado calçados, eu posso pedir para daqui por diante ele usar, para que, assim, eu possa voltar à corrente?".

– Minha filha, se a senhora soubesse o quanto me sinto orgulhoso em responder à sua pergunta, simplesmente pela sua humildade com seus guias depois desses anos todos! Se todos os médiuns fossem assim com seus guias, a religião de Umbanda seria outra. Sinceramente, eu gostaria de espichar essa resposta só para lhe dizer muitas coisas, mas, como o espaço é curto, vou resumir assim: caso a senhora deseje, já pode se aposentar dos trabalhos de Umbanda com a consciência tranquila de dever cumprido. Porém, como eu sei que isso não vai acontecer, a senhora deve comprar um calçado branco bem confortável para seus pés e falar com o seu chefe para ele passar a ordem ao seu guia de usar continuamente os calçados. Eu tenho certeza de que, além de ele passar a usar os calçados, sentirá também orgulho de ter escolhido a senhora como médium nesse plano.

– Até que período da gravidez, ou seja, até quantos meses uma futura mãe e médium pode incorporar a sua entidade, sem incorrer risco em algum para a criança?

– Meu filho, vamos ser sensatos: gravidez é uma coisa melindrosa, mas não é doença. Se no começo ou em determinado período da gravidez a futura mãe apresentar qualquer problema, ela deve, além de procurar um médico, parar de incorporar imediatamente e fazer uma segurança urgente para ela e para a criança. Entretanto, se isso não acontecer, ou seja, enquanto não houver nenhum problema e a futura mãe achar que está em condições – pois ela é o melhor termômetro de si mesma –, poderá seguir incorporando a sua entidade até quando achar que deve. Por outro lado, a entidade, que também é responsável pela médium e pela criança que vai nascer, saberá o momento certo de não incorporar mais nela.

– Uma pessoa que frequenta a corrente de um terreiro há bastante tempo, sem incorporar e sem sentir fluido ou vibração deve ser forçada a desenvolver sua entidade?

– Não, em hipótese alguma. Como já falei anteriormente, em relação aos membros da corrente ou do coral, a pessoa, para trabalhar espiritualmente dentro de um terreiro de Umbanda, nem sempre precisa estar incorporada com a sua ou alguma entidade. Nós, entidades, somos totalmente contrários ao desenvolvimento forçado. Começar a desenvolver uma pessoa sem que ela esteja devidamente preparada, e com sintomas de mediunidade, pode ser prejudicial para ela e para os outros que a acompanham.

– Quais as qualidades necessárias para um ser humano ser considerado um médium de verdade?

– Sinceridade, dedicação, muito estudo da própria Umbanda, assiduidade, boa vontade, disposição para fazer sempre a caridade e jamais, em hipótese alguma, ter inveja dos seus semelhantes; cuidar da saúde, evitando ao máximo ingerir carne vermelha, substituindo-a aos poucos pela carne branca e depois, definitivamente, pelo peixe; consumir bastantes cereais, vegetais, frutas e água; fazer o possível para evitar o álcool, o cigarro ou qualquer tipo de fumo; e, quanto às médiuns mulheres, jamais deverão usar joias, adornos, roupas luxuosas ou decotadas quando dentro do terreiro de Umbanda.

– E sobre o animismo, o que o senhor gostaria de dizer?

– Muito cuidado com os perigos que trazem o animismo mediúnico, não só para nós, entidades, como para vocês, devido ao relaxamento mental, material e espiritual do médium, que pode acabar por se envolver com entidades do baixo astral. Infelizmente, isso vem acontecendo com frequência nos terreiros de Umbanda, sobretudo na Linha de Esquerda, com o excesso de bebidas, fumo, luxúrias e até mesmo com o prolongamento das giras, sem ter hora para terminar. Como uma erva daninha, que se alastra dia após dia se não tratada, fará com que as pessoas envolvidas sucumbam, levando-as a um grande baixo-astral.

– O que devemos fazer para evitar o animismo quando, em certos momentos, durante a incorporação, sentimos que a entidade nos larga por alguns segundos e retorna novamente?

– Meu filho, nós, entidades verdadeiras, não largamos nossos médiuns durante os trabalhos, em hipótese alguma. A sensação que vocês sentem de largar nada mais é do que as suas entidades necessitando de um impulso vibracional para retomar a sua frequência. Quando isso acontecer, tanto vocês quanto as entidades podem usar de alguns artifícios muito comuns por médiuns e entidades antigas, tais como: estalar os dedos, cantar pontos, assoviar e mexer-se no mesmo lugar para frente e para trás, como se fosse caminhar. E, para os médiuns ainda em desenvolvimento, quando isso acontecer, procurem girar novamente com sua entidade, quantas vezes forem necessárias, para que a frequência retorne. Com essas dicas, certamente as frequências das suas entidades vão melhorar e snão oscilarão. No entanto, não se esqueçam de que, para que isso aconteça, o médium deve ter uma boa doutrina, um bom desenvolvimento, num bom terreiro, para que, no futuro, não se desequilibre mental, espiritual e materialmente. Isso porque, a partir do desenvolvimento de vocês como médiuns de Umbanda, mesmo sem saberem, vocês passaram a ser perseguidos e a combater no dia a dia as sombras, os magos negros com suas magias negras, os espíritos desajustados, os quiumbas etc., tudo por uma boa causa da religião de Umbanda, para a caridade. Vocês achavam que era fácil ser médium de Umbanda! Enganaram-se. Fácil é ser médium de outras religiões.

– O senhor pode resumir para nós o que significa um espírito desajustado e sem clareza, do que é certo ou errado?

– Muitas vezes, em encarnação passada ou até mesmo nessa encarnação, por um motivo qualquer – às vezes até fútil –, vocês arrumam algum tipo de inimigo. Essa pessoa lhe jura vingança e acaba levando essa jura após a sua desencarnação. A partir daí, começa a perseguição que pode levar várias encarnações até que o espírito obsidiador seja ajustado e devidamente esclarecido por alguma entidade de luz sobre o que é certo ou errado, cessando, assim, a obsessão.

– Existe somente um tipo de obsessão?

– Não, meu filho, existem vários tipos. Entre elas, vocês encontrarão a obsessão por imperfeição do caráter moral, mediunidade não desenvolvida, mediunidade mal empregada ou mal desenvolvida etc.

– A mediunidade mal desenvolvida ou mal empregada, como o próprio nome já nos diz, atrairá coisas ruins para nós. E quanto à não desenvolvida?

– A mediunidade não desenvolvida, pelo fato de a pessoa não querer cumprir suas obrigações como médium, fará com que a pessoa fique sem a proteção da sua entidade, estando sujeita, assim, à influência de qualquer tipo de espíritos.

— E os espíritos de nossos parentes desencarnados, que espécie de influência têm eles sobre nós?

— Eles têm uma influência boa, se esses espíritos forem esclarecidos. E má, se não forem esclarecidos.

— A influência de vocês, entidades de luz, sobre nossos destinos e caminhos depende de nós?

— Claro que depende. Dos seus atos, atitudes, ações, fé, pensamentos, desejos e objetivos a serem alcançados. E todos esses requisitos têm que ser acompanhados de muito amor, não só em relação a vocês como também aos seus semelhantes. Disso tudo dependerá, logicamente, a nossa influência sobre vocês.

— O que nós devemos entender como leis da criação divina?

— São as leis que, vindas do grande Pai Oxalá, regem toda a natureza sob qualquer aspecto da vida do ser humano.

— O senhor pode nos citar algumas dessas leis?

— As mais importantes são: lei da criação, do carma, do retorno, e da ação e reação.

— Qual o significado da lei do carma dentro da Umbanda?

— Dentro ou fora da Umbanda, o significado é o mesmo. Podemos dizer que é o que vocês chamam de destino do ser humano. É originado pelo modo de vida que cada um tem ou teve na sua encarnação anterior.

— Eu gostaria de saber do senhor: quais são as principais entidades espirituais que trabalham nos terreiros de Umbanda?

— Não existe nenhuma entidade principal, meu filho, todas têm o mesmo valor espiritual. Talvez você queira dizer as mais tradicionais, que são as que mais incorporam nos terreiros. São elas, em geral: Caboclos, Pretos Velhos, Boiadeiros, Marinheiros, Cosmes, Ciganos, Exus e Pombagiras, que também fazem parte da Umbanda. Todas essas entidades representam as forças divinizadas da natureza, ou seja, o amor, a caridade, a energia, o trabalho, a firmeza, o encaminhamento, a alegria, a prosperidade e assim por diante na vida de cada médium. Portanto, todas as entidades que se manifestam nos terreiros de Umbanda têm o mesmo poder. Porém, o que pode diferenciar um pouco a vibração e o fluido de uma para a outra é o próprio médium, dependendo do seu nível de conhecimento e evolução. Por hoje é só, meu filho. Boa noite e vá descansar, que eu sei que seu dia foi cheio.

– Salve o senhor, meu Pai Ogum.

SESSÃO VI

*Preto quando andava na terra
muita reza rezou,
para salvar os seus filhos, meu pai,
filhos de seu senhor*

Sexta-feira, 25 de março de 2011, 22 horas

— Salve o senhor, meu Pai Ogum da Lua!

— Ei saravado assim, meu filho, vamos em frente para não nos estendermos muito.

— Meu Pai, quantas entidades pode incorporar um médium de Umbanda bem desenvolvido?

— Meu filho, um médium bem desenvolvido pode incorporar várias entidades, assim como nenhuma. Nem por isso deixará de ser um bom médium de Umbanda. Não se esqueça de que o que vale é a qualidade e não a quantidade. O comum, dentro de um terreiro de Umbanda, é o médium incorporar uma entidade da direita, que será considerada a responsável pela sua cabeça e mediunidade dentro da religião de Umbanda. Em certos momentos, locais ou situações na vida do médium, esta entidade poderá, embora não obrigatoriamente, dar passagem a outras entidades, assim como àquelas de uma gira de Cosme ou da Linha de Esquerda.

— O que, na parte espiritual, devemos fazer de mais importante para abrirmos um terreiro de Umbanda com bastante firmeza e para que tenhamos sucesso?

— Em primeiro lugar, vocês devem fazer um bom assentamento da Linha de Esquerda, bem montado, batizado, cruzado e firmado. Em segundo lugar, um congá, com os mesmos requisitos. E em terceiro lugar, ter hora para começar e terminar os trabalhos, isto é, ter uma boa abertura e fechamento deles. Além disso, é preciso também ser honesto, humilde, atencioso, estudar a religião e trabalhar sempre para o bem em favor da caridade aos seus irmãos encarnados e desencarnados.

— No caso de um médium trabalhar com suas entidades em sua residência, é obrigatório, em relação à Linha de Esquerda, possuir assentamento, ponto de força ou tronqueira, como muitos dizem?

— Na religião de Umbanda, já citei várias vezes que nada é obrigatório. Porém, pode-se dizer que o assentamento, ponto de força ou tronqueira é a outra parte que completa a religião de Umbanda, além de servir também como segurança e força do terreiro, templo ou até mesmo de uma residência em que se pratica a caridade a vários tipos de pessoas, com diferentes tipos de problemas. Fica a critério de vocês ou da sua entidade, portanto, tê-lo ou não. Eu, particularmente, aconselho que sim, porque, além de ajudar como segurança, ajudará muito na parte de descarregamento do local.

– Qual é a maneira correta de se abrir os trabalhos num terreiro de Umbanda, no que diz respeito à posição dos médiuns de corrente? Dançando em fila e em círculo, um atrás do outro no sentido anti-horário do relógio? Parados um ao lado do outro, espaçadamente em volta do salão e de frente para ele?

– Existem várias maneiras de se abrir os trabalhos de Umbanda, seja dançando em fila e em círculo, seja parados um ao lado do outro, seja sentados ao redor de uma mesa ou até mesmo de mãos dadas: todas estão corretas. O que vale não é a maneira de abrir os trabalhos e, sim, a fé, o bom pensamento, a intenção e a clareza dos objetivos a alcançar durante os trabalhos.

– Em muitos terreiros de Umbanda, vejo as pessoas rezarem o Pai-Nosso católico antes de abrirem os trabalhos. Isto é correto?

– Pode até ser correto, meu filho, mas, se perguntássemos a essas pessoas que religião estão praticando, elas teriam que responder Umbantólico, ou seja, Umbanda com católico. A Umbanda, hoje, tem suas próprias orações e preces, ditadas por nós, entre elas o Pai-Nosso de Umbanda, que deve ser rezado antes de começar os trabalhos, sem esquecer também de seu Hino Sagrado. que deverá ser cantado ao final dos trabalhos. Portanto, não vejo por que os médiuns que se julgam verdadeiros umbandistas não possam fazer uso dos seus próprios rituais, conquistados a muito custo ao longo dos tempos.

— Pode nos dizer qual é o significado da expressão "feitura de médium", na Umbanda?

— Na Umbanda, isso significa cruzar os médiuns com suas ervas sagradas e seus devidos rituais; doutrinar, preparar e desenvolver os médiuns para receberem as suas entidades da melhor maneira possível.

— Em que processos o senhor poderia nos resumir a expressão "feitura de médiuns" na Umbanda?

— Posso resumi-la num conjunto de cerimônias ou rituais, como vocês dizem, tais como abertura dos chacras, batizado, cruzamento na cabeça, confirmação, feitos seguidamente à entrada do médium para a corrente de Umbanda.

— O que nós, médiuns, devemos entender como as sete linhas de Umbanda?

— Pode-se dizer que é a união, por livre e espontânea vontade, de vários grupos de espíritos de diferentes planos e dimensões que, juntos e em harmonia total, formam uma corrente espiritual que serve para direcionar o tipo de atuação dos espíritos encarnados e desencarnados da Umbanda. Serve, também, para que os espíritos baixem nos terreiros de Umbanda, a fim de trabalharem pela caridade e evolução dos seres humanos.

— O povo cigano faz parte dessa corrente espiritual, ou seja, da Umbanda?

— Antigamente, não faziam; hoje, porém, já fazem parte. Esse é um povo de espíritos muito antigos que também se introduziu nessa corrente espiritual da Umbanda para trabalhar em favor da caridade. Atualmente, são poucos – e cada vez mais escassos – os Ciganos que incorporam nos terreiros de Umbanda, pois muitos estão reencarnando novamente no plano de vocês. São cultuados com roupas e velas coloridas, perfumes, essências, incensos, ervas, flores, bebidas e muitas frutas.

– O senhor poderia nos explicar por que, em alguns estados, uma imagem católica representa uma entidade e, em outros, a mesma imagem representa outra entidade? Assim, também o dia da semana dedicado a uma entidade pode variar completamente de um estado para outro?

– Esse tipo de divergência, que até hoje existe, ocorre pois os primeiros negros trazidos para o Brasil tiveram de associar a sua religião africana ao catolicismo, no qual eram totalmente leigos. Além disso, ainda enfrentaram dificuldades quanto ao idioma e ao calendário da época, diferentes dos de sua terra. Mas isso é apenas uma questão de cultura, ou seja, quem mora no Rio Grande do Sul é gaúcho, quem mora em São Paulo é paulista, quem mora no Rio de Janeiro é carioca. Assim como em um estado se cultuam mais os Caboclos, em outro, cultuam-se mais os boiadeiros e em outro, mais os marinheiros, e assim sucessivamente. Porém, como vocês mesmo dizem nesse plano, a ordem dos fatores não altera o produto e, neste caso, o produto é a fé, o amor e carinho com que vocês vão cultuar suas entidades, independentemente da imagem ou dia de semana que lhes é consagrado. Isso porque tudo não passa de representações.

– Materialmente, de que eu preciso para abrir um terreiro de Umbanda?

– Em primeiro lugar, você precisa de uma pessoa honesta, responsável e qualificada dentro da religião de Umbanda, para lhe fazer os devidos rituais de aprontamento dentro da Umbanda e de sua Linha de Esquerda. Deve também estudar e pesquisar muito sobre as religiões espíritas e espiritualistas. E para você ter êxito em seus trabalhos e magias no terreiro, é necessário possuir bastante conhecimento, principalmente sobre as sete linhas de Umbanda, dos elementos intermediários ou de ligação entre elas, para que possa ter sucesso em tudo e todos em que você coloca as mãos para ajudar material e espiritualmente.

– E sobre os jogos de adivinhação, como tarô, búzios, cartas, etc., muito usados nos terreiros de Umbanda, o que o senhor nos diz a respeito? Podemos confiar neles?

– Em relação à religião de Umbanda pura, não se praticam nenhum desses jogos citados ou de outro tipo qualquer. Todo e qualquer tipo de jogos de adivinhação praticados dentro dela foram introduzidos pela mistura da Umbanda com outras religiões ou seitas que praticam esses rituais. Por exemplo: nos terreiros de Umbanda que cultuam, ao mesmo tempo, Ciganos e nações africanas, a maioria dos chefes de terreiro também passou a se servir desses artifícios. Porém, nada mais são do que um grau altíssimo de mediunidade, possuído pela pessoa que faz a leitura desses tipos de jogos (búzios, cartas, tarô etc.), muitas vezes sem ela mesmo saber dessa excelente faculdade e sensibilidade da sua mediunidade. Portanto, esses tipos de jogos, quando forem efetuados por pessoas sérias e de confiança, com mediunidades de vidência e de clarividência auditiva e intuitiva, bem desenvolvidas, as respostas ao consulente serão quase todas certeiras. Mas, mesmo assim, o máximo que esses leitores conseguirão é direcionar as perguntas e dúvidas de uma pessoa, família ou grupo de pessoas com que tenham contatos diários. Material e espiritualmente, não existem adivinhações futuras ou pretéritas dentro da religião de Umbanda pura; existem apenas o presente, o agora, o momento em que a matéria e o espírito vivem nesse plano.

– Sendo a Umbanda uma religião que visa à caridade, praticando-a, pode ou não haver algum tipo de pagamento pelos seus trabalhos, realizados dentro ou fora do terreiro?

– Vamos ser realistas, meu filho. Mesmo tendo despesas diárias, semanais e mensais – na maioria das vezes pagas pelos próprios médiuns –, todas as religiões que visam à caridade e a praticam, assim como a Umbanda, têm seus dias de encontros, reuniões, cultos, consultas e trabalhos direcionados às pessoas gratuitamente, sem distinção de cor, raça, sexo ou situação financeira. Muitas vezes, os médiuns organizam também atividades para reunir doações ou ações realizadas voluntariamente para arrecadar fundos para a manutenção do terreiro. Porém, aquelas pessoas que, por seus méritos anteriores, foram agraciadas com uma situação financeira privilegiada e que desejam um atendimento separado, com dia e horário diferenciados dos praticados no terreiro, vão certamente querer contribuir de alguma forma por essas consultas. E nós, entidades, junto com nossos médiuns, teremos grande prazer em atendê-las, pois também é desses atendimentos que vêm as contribuições ou doações para manter as despesas geradas com os atendimentos gratuitos no terreiro. Essas pessoas agraciadas, por meio de suas consultas e contribuição que poderão ser pagas na forma de materiais utilizados no terreiro, inconscientemente, farão conosco caridade àquelas que recebem atendimento gratuito no dia dos trabalhos.

– E quanto às palavras "dai de graça o que de graça recebeste", repetida seguidamente por muitas entidades e médiuns de Umbanda, o que o senhor pode nos dizer?

– Como Caboclo, já me considero um espírito bastante evoluído, e poderia estar em outro plano de evolução superior ao meu se eu não fosse ainda um espírito tão radical e realista em relação a vocês e ao plano em que vocês vivem. Talvez porque eu tenha passado por este plano muitas vezes, ainda traga comigo alguns resquícios. E o que vejo hoje são muitas entidades e médiuns de Umbanda que querem tapar o sol com a peneira, ao repetirem essas palavras. Estes são os que mais cobram, tanto dos que têm como dos que não têm; não ensinam a religião, apenas a vendem, com seus trabalhos, consultas, aprontamentos, cursos, palestras, eventos, DVD, apostilas etc.; são os que mais lucram e ganham com a religião de Umbanda. Não sou contra as cobranças, mas a favor, desde que não sejam valores exorbitantes. Ou seja, que, ao cobrar, realmente se ensine a religião ou se faça algo pela pessoa necessitada. Quanto às palavras "dai de graça o que de graça recebeste", sejamos bem realistas: se para você, babalorixá, cacique ou chefe de terreiro, chegar aonde chegou, não foi preciso desenvolver sua mediunidade, passando por algum ritual de cruzamento ou por um aprontamento na Umbanda e em sua Linha de Esquerda, sem que, com isso, gastasse com material (roupas, guias, velas, pembas, imagens, oferendas etc.); não precisou pagar nada ao babalorixá, cacique ou chefe do terreiro; se o prédio do terreiro, centro ou local em que você trabalha, atende as pessoas, não custou nada; se, no mesmo local, você não paga luz, não paga água e não tem despesa nenhuma com material de limpeza e higiene; se todos os materiais usados nas giras, sessões, consultas ou trabalhos de caridade (cachaça, charuto, velas, defumador, pólvora, perfume etc.) são adquiridos de graça; se seu tempo não é escasso; se você não trabalha e tem todo o tempo disponível, além de uma pensão gorda por mês, ora se tudo for verdade em relação a você, faça um bom uso destas palavras: "dai de graça o que de graça recebeste". Apenas espero e torço para que aquele que dá e o que recebe de graça, sem fazer sacrifício algum, saiba acreditar e dar valor a sua existência nesse plano sem sacrifício algum. Caso contrário, essas palavras não terão fundamento algum para você.

– O senhor pode nos dizer qual é o significado correto da palavra axé na religião de Umbanda e sua Linha de Esquerda?

– A palavra axé, dependendo da forma como é dita ou expressada e da situação em que é colocada, pode ter vários significados dentro da religião de Umbanda, entre eles: força, luz, energia, clareza, saúde, felicidade, prosperidade, fartura, sorte, caminhos abertos, poder espiritual etc. Outro exemplo é o axé de abertura dos chacras da pessoa na Linha de Esquerda, que tem o mesmo significado do cruzamento com ervas na Umbanda e que significa preparar tanto o médium quanto a entidade para uma boa formação, canalização e segurança quando estão começando o seu desenvolvimento espiritual.

– A que o senhor atribui esse grande crescimento da religião de Umbanda?

– A religião de Umbanda é uma religião simples, prática e fácil de ser vivida. Ela oferece a possibilidade de as pessoas conversarem diretamente com as entidades, guias e protetores, aconselhando-se sobre os mais diversos tipos de problemas que as afligem diariamente. E, como vocês mesmos sabem, quanto maior a crise financeira, mais as pessoas procuram uma religião para tentarem sobreviver ao dia a dia. Podemos até dizer que a Umbanda, hoje, é uma das religiões que mais vem respondendo com sucesso absoluto aos apelos materiais e espirituais do ser humano, daí esse grande crescimento.

– Por que existem muitos terreiros de Umbanda que não têm uma sede ou salão próprio, sendo usadas as próprias residências para seus cultos?

– Meu filho, a religião de Umbanda pode ser considerada a religião mais popular do plano de vocês, já que atinge diretamente as pessoas de menor cultura e poder aquisitivo. Ela não é uma religião rica, financeiramente, mas formada por muitas pessoas humildes, honestas, boas de coração e que desejam ardentemente fazer a caridade ao próximo, colocando, muitas vezes, a própria residência à disposição das pessoas que precisam de caridade, privando-se do aconchego familiar. A maioria dessas casas ou terreiros são situados nas zonas urbanas, arrebaldes ou vilarejos das cidades onde, com frequência, as pessoas não têm nem mesmo dinheiro para comprar remédios, quanto mais para pagarem uma consulta com um médico. É aí que entra a Umbanda, com seus passes, trabalhos, doutrinas, banhos, defumações e, principalmente, com suas mensagens, palavras de conforto e fé. Se fossem situados em grandes templos, nos lugares mais finos das cidades, com certeza privariam o acesso de muitas pessoas mais necessitadas ao terreiro. E, se assim fosse, não haveria muita serventia para nós, que lidamos mais com espíritos humildes e sofredores. Aqui damos por encerrado hoje, meu filho. Fique em paz e durma bem.

– Salve o senhor, meu Pai Ogum.

SESSÃO VII

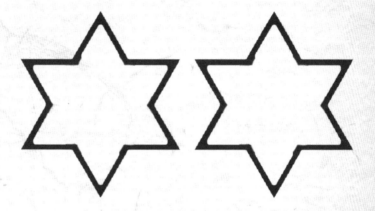

Avistei lá no céu duas estrelas
Bem juntinhas, bem juntinhas
Logo em seguida, eu olhei para a folhinha
Era dia de Cosme e Damião
Salve eles, salve eles
Quem mandou foi Oxalá, para nos salvar.

Sexta-feira, 1º de abril de 2011, 22 horas

– Salve o senhor, meu Pai Ogum da Lua!

– Ei saravado assim, meu filho, vejo que está muito contente hoje. Posso saber o motivo?

– Claro que pode, meu Pai, mas não é nada em especial, apenas acabei de ler tudo que foi feito até agora e fiquei assim.

– Isso que o senhor está sentindo, meu filho, é uma coisa muito bonita e chama-se orgulho do senhor mesmo, pelo trabalho que está realizando. Eu também estou muito contente e gostei muito do jeito com que o senhor está arrumando as nossas conversas. Mas vamos em frente, que o tempo é curto.

– Meu pai, o que são realmente os Pretos Velhos na Umbanda?

– São espíritos de altíssima evolução, portadores de muita luz e sabedoria. Incorporam nos terreiros de Umbanda como Pretos Velhos, falando de maneira simplória para serem melhor entendidos pelas pessoas de menor ou de baixa cultura. Costumam deixar muitas mensagens fraternas de amor, paz e confraternização para todos. Pena que, na maioria das vezes, essas mensagens não são ouvidas nem levadas em consideração por vocês, seres humanos.

– A pessoa que incorpora um Preto Velho ou uma Preta Velha da Linha das Almas pode fazer suas oferendas e colocá-las dentro de casa, no congá ou num altar onde estão as suas imagens ou, por serem de alma, tem que fazer seu assentamento do lado de fora para colocar suas oferendas?

– Em primeiro lugar, quero que vocês saibam que todas as falanges de Pretos Velhos e Africanos, além de serem o verdadeiro povo de alma, são de altíssima luz e evolução. Podem ser cultuados e servidos com oferendas, bebidas, velas, flores etc., dentro de casa, no congá ou no altar e até mesmo, se preferirem, é possível fazer seu assentamento do lado de fora, sem problema algum. Os Pretos Velhos têm origens africanas e hoje são espíritos que compõem as Linhas Africanas e Linha das Almas na Umbanda.

— Mas, afinal, quem são as verdadeiras Linhas das almas, Exus ou Pretos Velhos e Africanos?

— Os Pretos Velhos e Africanos são a verdadeira Linha das Almas e não os Exus de Almas, como vocês pensam. O que acontece é que, dentro da Linha de Esquerda, existe a chamada Linha das Almas, que são os Exus de Almas, que também foram escravos e que, hoje, trabalham dentro da Linha de Esquerda como Povo de Alma.

— Alguns terreiros de Umbanda proíbem os seus médiuns de tomarem café preto; outros, de comerem arroz com galinha; e ainda há outros que os proíbem de comer arroz com couve ou até mesmo arroz com linguiça, alegando que são comidas dos Exus ou das Almas. Isso está correto?

— Não, não está, meu filho. Dentro da Umbanda, pelo menos, vocês têm o livre-arbítrio de comerem e oferecerem o que quiserem para suas entidades, desde que elas aceitem, é claro. Até onde eu sei, esses rituais pertencem às nações africanas. O que acontece, na maiorias das vezes, é que muitos chefes de terreiros, por falta de mais conhecimentos e conteúdos no seu fundamento de Umbanda, erroneamente incorporam certos rituais dessas nações nos seus terreiros. Já se as pessoas ou médiuns vão a terreiros de Umbanda portando qualquer tipo de arma ou depois de ingerir bebidas alcoólicas, isso, sim, é realmente proibido.

— Por que, em livros anteriores a este, o seu médium, e agora o senhor, refere-se à Quimbanda como Linha de Esquerda e não como Quimbanda?

— Meu filho, assim como muitos de vocês nesse plano julgam, de maneira equivocada, uma pessoa pelo que ela veste, sem antes procurar conhecê-la, muitos ainda julgam mal o nome Quibanda sem sequer conhecê-la, associando-a ao mal, a espíritos arruaceiros, atrasados e sem luz. Para tirar esse véu escuro que muitas pessoas totalmente desinformadas colocaram em cima desses Exus e Pombagiras pertencentes à Quimbanda, nós estamos já há algum tempo nos referindo e induzindo nossos médiuns a se referirem a esses nossos irmãos, trabalhadores incansáveis do bem, como Linha de Esquerda da Umbanda. Quem sabe com o tempo consigamos reverter esta associação absurda em relação à Quimbanda, feita por pessoas que, como já falei antes, não entendem nem dos seus próprios espíritos, quanto mais de espíritos alheios.

— Diga-me uma coisa, já que na Lei de Umbanda o senhor atende com o nome de Caboclo Ogum da Lua: o Caboclo Ogum é irmão e chefe dos Exus, como muitos dizem, ou isso não passa de história?

— Meu filho, esse é outro erro absurdo na Umbanda pura. Eu sou tão irmão dos Exus e de outras entidades de Umbanda quanto vocês. No que diz respeito a ser chefe deles, não sou, até mesmo porque, dentro do movimento umbandista, um espírito não é chefe de outro. Todos estamos nessa corrente de evolução por livre e espontânea vontade e, com certeza, essas pessoas que falam isso e passam para seus filhos ou médiuns essas inverdades, nunca ouviram falar em Aruanda ou Sete Linhas de Umbanda, além de não conhecerem nada sobre a lei do livre-arbítrio.

— Como nós podemos definir as entidades Exu e Pombagira?

— Vocês podem defini-las como almas desencarnadas portadoras de muita luz, mas que ainda estão em estado de evolução. São agentes intermediários da direita para a esquerda, da frente para trás, da luz para a escuridão, de baixo para cima e que, por serem consideradas entidades bastante humanizadas na terra, hoje representam a força e a energia da natureza. É por isso que se diz que, na religião de Umbanda, sem Exu, não se faz nada. Eles são considerados também os agentes mágicos universais da natureza, além de executores da justiça; são as senhoras de todos os caminhos, levando e trazendo as súplicas e pedidos de vocês a nós, entidades e orixás da Linha da Direita na hierarquia espiritual. Além disso, essas entidades são também definidas como policiais do astral inferior.

– Por que as entidades Exus e Pombagiras, quando estão incorporadas nos seus médiuns, não batem cabeça no congá, como as outras entidades?

– Na Umbanda, não há nada que proíba os nossos irmãos da Linha de Esquerda de baterem cabeça no congá. Se quiserem, podem fazê-lo. Eles só não o fazem porque são entidades da esquerda, que trabalham muito em locais escuros e contaminados por energias negativas, e, para não haver choque ou contaminar com essas mesmas energias o congá, que é um ponto de força repleto de luz e energias positivas, não batem cabeça nele, mas não por desrespeito e, sim, por grande consideração às entidades da Linha de Direita.. Alguns babalorixás, caciques e chefes de terreiros bastante evoluídos e sabedores disso tudo, optam por, acertadamente, fechar ou isolar o congá com uma cortina, em respeito a ele e às entidades da Linha de Direita ali assentadas quando acontecem giras da Linha de Esquerda. Eles fazem isso também por conta do excesso de bebida alcoólica e do fumo consumidos pelas entidades desta Linha. Assim, se algum Exu ou Pombagira desejar cumprimentar o congá, poderá fazê-lo sem ter contato direto com ele.

– Um Exu ou Pombagira pode ser a primeira entidade a incorporar no médium ou o primeiro tem que ser um Caboclo ou Preto Velho? Se isso acontecer e não houver problema algum, ela, por ser a primeira entidade a incorporar no médium, será considerada a dona da cabeça deste?

– Pode ser a primeira sem problema algum. As entidades da Linha de Esquerda são as que estão mais próximas de vocês neste plano, por isso é tão facilitada a sua incorporação no médium em desenvolvimento, principalmente se o médium estiver com algum tipo de problema grave ou tiver um grau de mediunidade altíssimo. Ela passará, também, a ser uma das suas entidades futuras, mas não será, em hipótese alguma, considerada a dona da cabeça do médium, como vocês dizem. Estará apenas abrindo caminho, ou seja, preparando o médium para receber sua entidade da Linha de Direita, que incorporará com outra vibração, às vezes fortíssima, e que será responsável pela sua cabeça e pela sua mediunidade dentro do terreiro de Umbanda. Lembre-se de que tudo isso pode ter sido pedido ou acertado pela pessoa antes mesmo de ela nascer. Como a pessoa se perdeu no caminho, o Exu, trabalhador incansável da Umbanda, junto com suas futuras entidades, só a está encaminhando de volta para o caminho e destino escolhidos por ela mesma.

– O Exu, o Africano e o Caboclo Pantera Negra são três entidades totalmente diferentes ou são as mesmas?

– São as mesmas, meu filho. O Exu, Africano ou Caboclo Pantera Negra é um Caboclo chefe de uma legião de Caboclos que trabalham tanto na Linha de Esquerda como na de Direita. Por isso, ele pode se apresentar para trabalhar tanto na Umbanda como Caboclo ou Africano quanto na sua Linha de Esquerda como Exu, sem problema algum. E vocês devem cultuá-lo na forma em que ele se apresentar dentro do terreiro, sem confundir seu nome e linha. Essa entidade, por ser chefe de uma legião fortíssima que trabalha nas Linhas de Direita e Esquerda, é muito rebelde.

– E por que no assentamento do Exu Pantera Negra, apresentando-se como Exu, não vai uma Pombagira como companheira, a fim de completar as energias positivas e negativas?

– Como já falei anteriormente, a entidade que se apresenta com o nome de Exu ou Africano Pantera Negra é a mesma que o

Caboclo Pantera Negra, ou seja, uma entidade de altíssima evolução, dotada de muita luz, e que trabalha onde mais for solicitada, tanto na Linha de Esquerda como na de Direita. A sua vibração ou energia já é completa, podendo ser cultuada na forma que se apresentar, seja como Caboclo no congá ou do lado de fora no seu assentamento como Africano, seja como Exu, sozinha – ao contrário das entidades da Linha de Esquerda que trabalham somente nesta Linha e que ainda estão em estágio de evolução.

– Qual é a verdadeira identidade do Ogum Megê? Ele é Caboclo ou é um Exu? E em qual dos lados deve trabalhar, na Umbanda ou na Linha de Esquerda?

– Ogum Megê não é Exu, meu filho. Ele não atua só no cemitério tampouco é chefe dos Exus, como muitos dizem ou pensam. Ele é um Caboclo de Ronda, da mesma forma que o Ogum de Ronda; é um Caboclo muito antigo e de altíssima luz que atua mais na Linha de Esquerda, por isso passou a ser bastante respeitado pelos Exus e Pombagiras. Costuma incorporar em seus médiuns no lado que se achar mais necessário e útil no terreiro, ou seja, na Umbanda ou na Linha de Esquerda, podendo incorporar nos dois lados, sem problema algum. Possui, ainda, uma espécie de chave que é muito usada para fazer a ligação entre a Umbanda e a sua Linha de Esquerda.

– Um médium que não tem assentamento da Linha de Esquerda pode fazer um assentamento para outro médium ou para outra pessoa?

– Não. Como ele vai passar para outro médium ou para outra pessoa uma energia que ele mesmo não tem? Primeiro ele tem que fazer o seu, para depois poder fazer para os outros. Nesse caso, o mais correto é que o próprio médium, ou pessoa que deseja um assentamento, faça o seu. Isso também vale para o cruzamento ou firmamento de um congá. O médium tem que ter o seu para poder cruzar ou firmar outro, senão o próprio médium ou a pessoa deve cruzar ou firmar o seu congá.

– As Pombagiras Ciganas que incorporam na Linha de Esquerda são Pombagiras ou Ciganas?

– Não, elas não são as verdadeiras Pombagiras da Linha de Esquerda, são simplesmente Ciganas Andarilhas que se misturaram com as Pombagiras e gostaram dessa convivência e de seus rituais, tanto que passaram a fazer parte dessa linha, identificando-se com os seus nomes: Pombagiras, Ciganas das Almas, Pombagiras Ciganas das Estradas, Pombagiras Ciganas das Encruzilhadas etc.

– Essas mesmas Pombagiras Ciganas podem ser assentadas com os Exus? E quanto ao corte de animais para elas, pode ser feito?

– Como elas mesmas escolheram a Linha de Esquerda para trabalharem, identificando-se como Pombagiras, podem ser assentadas junto com os Exus, sem problema algum. Em relação ao corte de animais, pode lhes ser oferecido desde que elas exijam, o que é muito raro, mesmo que elas tenham muita afinidade e convivência com a Linha de Esquerda. Veja bem, isso tudo só vale para as Pombagiras Ciganas e não para a Linha do Povo Cigano. Os espíritos do Povo Cigano são considerados muito antigos e bastante evoluídos, não precisando, de forma alguma, desses rituais de sacrifício de animais, embora em alguns terreiros de diferentes estados alguns ciganos sejam incorporados à Linha de Esquerda, por não haver uma gira exclusivas para eles. Eles não gostam muito de estarem com os Exus e Pombagiras, principalmente no que diz respeito a seu altar ou congá; querem um lugar separado e jamais, em hipótese alguma, aceitam sangue (axorô, menga) nele.

– Muitas pessoas falam que as entidades Exu e Pombagira fazem tanto o bem como o mal. O senhor poderia nos explicar se isso é correto ou não?

– Não, não é correto. Se assim fosse, tanto o Exu quanto a Pombagira não seriam confiáveis e, portanto, não poderiam ser os nossos mensageiros. O que acontece é que muitos de nossos irmãos, espíritos desencarnados e desajustados, e a mando (ativado) de seres encarnados e desinformados, usam a personificação de entidades de Umbanda (e principalmente de sua Linha de Esquerda) para fazerem o mal. Muitas vezes, fazem-no sem ter clareza na mente do bem e do mal, do certo ou do errado, prejudicando, assim, seus desafetos, bem como os da pessoa que os ativou, mas também a imagem da religião de Umbanda e de sua Linha de Esquerda.

– Então, na realidade, somos nós mesmos que fizemos o mal?

– Na maioria das vezes, sim. Por isso, quase sempre vocês estão sendo vítimas de energias negativas, geralmente ativadas por vocês mesmos. Essa é a Lei, meu filho, quem atira, tem que saber abaralhar.

– Dependendo de sua forma de pensar, o médium de Umbanda pode gerar tristeza ou felicidade para si mesmo, independentemente da sua entidade?

– Saiba, meu filho, que todas as formas de pensamentos e sentimentos positivos (amor, caridade, alegria, felicidade etc.) atrai coisas boas para a vida cotidiana. E todos os pensamentos e sentimentos negativos (inveja, ódio, raiva, tristeza, angústia etc.) atrai coisas ruins para a vida cotidiana, não importa se sua entidade pode ajudar ou não.

– O que são espíritos quiumbas?

– São considerados espíritos quiumbas todos os espíritos desencarnados, sem luz, sofredores, mistificadores, perturbadores, desajustados, atrasados, arruaceiros, vingativos e sem clareza do bem ou mal, do que é certo ou errado etc.

– E algum desses espíritos considerados quiumbas tem poder sobre a vida e a morte de alguém?

— Absolutamente não, ninguém tem esse poder de interferir no livre-arbítrio da vida de cada um, nem no plano de vocês nem no astral – a não ser que essa pessoa dê motivos ou se sujeite a esse tipo de espíritos, dando-lhes liberdade para decidirem sobre sua própria vida.

— Somente com oferendas, trabalhos ou algum despacho nas encruzilhadas conseguiremos afastar um espírito obsessor da vida de uma pessoa?

— Podem até conseguir, mas, com certeza, após algum tempo o espírito voltará a obsidiar novamente a pessoa. O que deve ser feito é uma reformulação do pensamento da vítima, para que dirija muitas preces e orações em favor do espírito que a está obsidiando. As preces e orações são as arma mais eficaz contra as obsessões e todo tipo de feitiçaria. Isso vocês podem conseguir também com muito estudo sobre a questão da desobsessão, pois, se o espírito está atuando na pessoa, ele teve ter algum tipo de ligação no passado com ela. Fique em paz e desfrute bastante desse orgulho que está sentindo de si mesmo, meu filho.

— Salve o senhor, meu Pai Ogum.

SESSÃO VIII

Eu vi mamãe Oxum na cachoeira
Sentada na beira do rio
Colhendo lírio, lírio lê
Colhendo lírio, lírio lá
Colhendo lírio para enfeitar
Nosso congá.

Sexta-feira, 8 de abril de 2011, 22 horas

— Salve o senhor, meu Pai Ogum da Lua!

— Ei saravado assim, meu filho, estou a sua disposição, quando quiser continuar.

— Meu Pai, a Umbanda e sua Linha de Esquerda estão preparadas para enfrentar trabalhos e feitiços de Magia Negra?

— Sim, tanto a Umbanda como a sua Linha de Esquerda estão bem preparadas na parte espiritual. Quanto à parte material, composta por vocês, médiuns de Umbanda, não, pois, como já falei anteriormente, precisam, urgentemente, estudar muito sobre a religião de Umbanda, aperfeiçoando-se nos conhecimentos de magias elementais, energias positivas, negativas, animais, vegetais, fluidos etc. Devem procurar, também, informar-se melhor sobre as propriedades do perispírito e duplo etérico sem falar no psiquismo, no psicológico, além da Lei do Carma, da Ação e Reação, e a do Livre-Arbítrio. Tudo isso ajudará a vocês, médiuns, e a nós, entidades, nos confrontos contra a magia negra e seus derivados, que são muitos.

— Meu Pai, suponhamos que uma pessoa esteja sendo obsidiada por um espírito desafeto, de vidas passadas, ou seja, um quiumba, e procure a cura dentro de um terreiro de Umbanda. Esse quiumba pode ser doutrinado por uma entidade experiente e passar a fazer parte da Umbanda?

— Claro que pode, meu filho, e para nós essa é uma ótima tarefa. Desde que seja por livre e espontânea vontade, ele será amparado, esclarecido, doutrinado e preparado por nós para ingressar numa das linhas de Umbanda, que, na maioria das vezes, será a Linha de Esquerda, primeiro como ajudante de um Exu ou de uma Pombagira e depois, conforme sua evolução, passará a ser um Exu ou uma Pombagira de muita luz, em estágio de evolução.

— Como saber se o médium está incorporado com uma verdadeira entidade de Umbanda ou com um quiumba?

— Isso é uma das coisas mais fáceis de saber. Basta observar a entidade: suas atitudes, o jeito de andar, de se comportar, de falar etc. Uma entidade verdadeira demonstrará equilíbrio, segurança; terá sempre boas atitudes; andará no terreiro de maneira delicada e se comportará socialmente, só falando coisas boas, em todos os sentidos; fumará e beberá controladamente, se for o caso; mostrará responsabilidade, ajudando o seu médium no dia a dia, para que ele tenha uma vida digna e de evolução tanto material quanto espiritual. Já um quiumba, por mais que tente disfarçar, terá sempre algumas atitudes desagradáveis, demonstrando insegurança, desequilíbrio; andará totalmente desajeitado dentro do terreiro, comportando-se de forma indevida, além de colocar medo e fazer ameaças a todos; só falará palavrões e beberá e fumará descontroladamente, demonstrando uma total irresponsabilidade material e espiritual para com o seu médium.

— Pode um Exu ou Pombagira incorporar no seu médium e dizer que já chegou bêbado? E mais: pode também beber durante a incorporação e, depois que subir, deixar o médium bêbado?

— Meu filho, o senhor deve estar brincando comigo com essa pergunta. Eu não vou nem lhe responder; só vou lhe dizer que espírito verdadeiro, que trabalha na linha de Umbanda e em sua Linha de Esquerda, não se embebeda e que teatro desse tipo só existe no plano de vocês.

— O senhor concorda que na religião de Umbanda e de sua Linha de Esquerda existam charlatões?

— Claro que concordo, meu filho, não só na religião de Umbanda como em todas as outras. São pessoas inescrupulosas, que vivem à custa dos outros, menos informados, pregando-lhes mentiras, ilusões e, muitas vezes, chegando até a lhes venderem sonhos como um grande amor, uma vida boa e farta, com muitos ganhos materiais etc. Mas isso tudo não passa de falsas promessas, feitas por falsos profetas que, muitas vezes, não possuem nada disso nem sequer para si próprios, estando até mesmo desempregados há anos, de modo que dependem dos seus humildes e cegos clientes para terem uma renda e sobreviverem no dia a dia. Portanto, meu filho, tome muito cuidado na hora de escolher ou procurar um médium, babalorixá, cacique ou chefe de terreiro. Primeiro, certifique-se de que ele não vive só da religião; de que seja honesto, trabalhador, educado, sincero e leve uma vida normal, honrando todos os seus compromissos, tanto materiais quanto espirituais. Não caiam no golpe dos maquiavélicos e sorrateiros lobos que se mascaram de umbandistas com suas entidades para saberem de seus problemas mais íntimos, identificando seu lado fraco a fim de, por meio dele, poderem atuar; tentarão seduzi-lo com coisas fascinantes e mirabolantes que nada mais são do que invencionices e fantasias criadas por eles mesmos.

– Qual o mínimo que devo fazer em relação aos Exus e às Pombagiras na hora da abertura ou do começo dos trabalhos de Umbanda, para que eles possam guardar e defender o terreiro de espíritos intrusos e sem luz?

– Em primeiro lugar, saudar o Exu e Pombagira, acendendo uma vela no seu assentamento, se for o caso; em segundo lugar, deve-se cantar dois pontos especiais direcionados a eles, devendo ser os pontos da casa se ela tiver assentamentos da Linha de Esquerda. Isso é o mínimo que se deve fazer para, depois, abrir os trabalhos.

– É correto uma gira – principalmente de Exu, que é o que mais se vê – não ter horário certo para começar e terminar, podendo as entidades irem ao banheiro para que seus médiuns façam suas necessidades várias vezes ou até mesmo larguem suas matérias para tal fim, voltando a incorporar novamente nela após?

– Não, pois toda a entidade verdadeira tem muitas tarefas e obrigações espirituais a serem cumpridas tanto no plano de vocês quanto no espiritual. Além disso, há também as obrigações de incorporação com o seu médium, que devem ser como que agendadas, isto é, havendo dia e hora para incorporar e desincorporar. Quanto às necessidades fisiológicas do médium, volto a dizer: se a entidade for verdadeira, ela vai saber segurar e desviar esses sentidos do seu médium durante a incorporação, a não ser que seja um caso de doença ou de extrema necessidade. Não sendo este o caso, eu lhe asseguro que a entidade não está mais com o médium. Infelizmente, hoje se veem poucas entidades, a exemplo de Exus e Pombagiras, que trabalhem com bebidas quentes como cachaça, champanhe, vinho etc., que são como o éter, condensador e repulsador de energias positivas e negativas, além de não provocarem tanto as necessidades da matéria. A maioria dessas entidades e de seus médiuns hoje já evoluiu bastante ou pelo menos acha que evoluiu e fazem uma grande confusão, que é ficarem muitas horas "trabalhando" incorporado com sua entidade, fumando e bebendo cerveja (gelada) e, às vezes, até exigindo marca. Essa é a legítima e verdadeira causa de suas necessidades fisiológicas, não nossas. E não é só isso: quem se dispuser a dar uma volta em alguns "terreiros de Umbanda", ficará simplesmente decepcionado. Verá coisas mirabolantes, como a inexistência de qualquer tipo de mediunidade, o animismo de certos indivíduos fantasiados com cocares, como se fossem espanadores; outros, com arco e flecha atravessado no corpo, ainda outros com escudos, capacetes etc., dando palestras, consultas, passes e outras coisas de que não podemos falar. Tudo isso em nome da entidade ou do guia tal. Quem assiste de fora confunde Umbanda com um bando de loucos desocupados.

– Por que os trabalhos de Umbanda são realizados quase sempre à noite – principalmente as giras da Linha de Esquerda? É uma lei da Umbanda ou da sua Linha de Esquerda?

— De forma alguma, meu filho. Como já falei anteriormente, não há horário nem tempo para nós. Isso vale também para nossos irmãos da Linha de Esquerda, que, ao contrário do que muitos pensam e dizem, não trabalham apenas durante a noite, muito pelo contrário: trabalham mais de dia do que à noite. O motivo das giras serem quase sempre ao entardecer e à noite se dá em razão dos compromissos dos próprios médiuns, que, em outros horários, não estariam disponíveis para os trabalhos. Portanto, não são regras, normas ou leis de Umbanda. O horário de trabalhos é livre, podendo ser de manha, à tarde ou à noite, sem problema algum.

— Eu conheço certos terreiros de Umbanda que só tocam giras da Linha de Esquerda, ou seja, Exu e Pombagira. É correto fazer isso?

— Não, e nem o terreiro deveria se chamar de Umbanda e, sim, terreiro de Linha de Esquerda da Umbanda. A Linha de Esquerda não é a Umbanda, é apenas uma parte dela e nossos irmãos são muito bons para abrir caminhos, lidar com fluidos negativos, pesados, penetrar no astral inferior, abrir, fechar, destrancar, trancar, levar ou trazer algo. Porém não seguram nada, apenas concluem o que tem de ser feito. Pode observar, meu filho, que esses terreiros são bastante movimentados, mas quase nunca são frequentados pelas mesmas pessoas: é um leva e traz só e ninguém segura nada. Isso porque quem segura a casa ou o terreiro, a vida das pessoas que o frequentam, os negócios, a saúde, a felicidade, tudo o que for de bom na vida das pessoas, enfim, são os Caboclos, entidades, guias e protetores da Umbanda, ou seja, da Linha de Direita. Portanto, vocês devem tocar mais giras de Umbanda e, de vez em quando, da Linha de Esquerda, para limpeza e descarrego dos médiuns e do terreiro. Esses nossos irmãos têm muito trabalho tanto no plano de vocês como no astral, por isso vocês não devem chamá-los para dentro dos terreiros toda hora.

– E se a pessoa não deseja cultuar a Umbanda e, sim, a Linha de Esquerda somente, ela pode fazer isso?

– Meu filho, eu não acredito que isso aconteça, mas, se acontecer, até pode. Porém, como já falei antes, esses irmãos da Linha de Esquerda são grandes colaboradores da Umbanda, lidando bastante com as partes sujas e densas, sempre em contato com as piores coisas do astral. As pessoas que trabalham ou querem trabalhar somente com os Exus e Pombagiras correm um risco muito grande de não arrumarem nada na vida, estando, assim, sempre como os Exus: em guerra, ou seja, lidando com limpeza de cargas negativas, larvas astrais, miasmas e fluidos densos das pessoas que procuram seus terreiros. Se a pessoa não tomar muito cuidado, isso tudo pode prejudicar a sua casa ou até mesmo a sua vida particular.

– Durante uma gira comum ou festa da Linha de Esquerda, podemos passar uma bandeja com alguns tipos de salgadinhos e oferecê-los aos Exus e Pombagiras que estão incorporados nos seus médiuns?

– Claro que podem, meu filho, da mesma forma como os Pretos Velhos, quando estão incorporados em seus médiuns, podem comer feijão mexido, rapadura, pipoca etc., os Exus e Pombagiras, quando incorporados em seus médiuns, podem, beber, fumar e comer o ebó, como vocês dizem, que muitos costumam lhes oferecer no meio da gira, caso a entidade tenha avidez por corte de animais. Enfim, as entidades, quando incorporadas, podem também comer algum tipo de salgadinho oferecido pelo dono da casa, como forma de agrado. Deixe uma pessoa encarregada de passar a bandeja com os salgadinhos algumas vezes, de maneira espaçada, durante a gira, oferecendo aos Exus e Pombagiras, que, ao contrário do ebó, não são obrigados a comer. Se algum Exu ou Pombagira não aceitar ou não quiser mais, observe que ele(a) tocará com uma mão na bandeja e depois a beijará. A partir desse ritual, não será mais preciso oferecer a esse Exu ou Pombagira. No final da gira, se sobrarem salgadinhos, podem ser oferecidos aos médiuns que estavam incorporados, podendo ser oferecidos também à assistência.

– Podemos realizar uma gira da Linha de Esquerda com curta duração sem cantar para as almas?

– Não. Sempre que uma gira da Linha de Esquerda for realizada, deve-se, obrigatoriamente, homenagear, ou seja, cantar alguns pontos para todos – cruzeiro, mato, praia ou alma –, independentemente de algum médium incorporar ou não uma dessas entidades que serão chamadas. Só assim a Linha de Esquerda que vocês ativaram com uma gira será aberta e completa.

– Se uma pessoa quiser fazer uma homenagem à sua Pombagira das Sete Encruzilhadas com uma gira na encruzilhada, poderá fazê-la, sem problema algum? E se puder, qual é o horário mais indicado?

– A livre expressão religiosa, assim como ocupar uma encruzilhada pública, é um direito da pessoa, como cidadã que paga seus impostos. Quanto à homenagem, pode fazê-la, sem problema algum. E, com certeza, será uma homenagem muito bonita, por será feita no próprio ponto de força da sua Pombagira. Mas, primeiro, a pessoa deve saber se a sua Pombagira quer essa homenagem na encruzilhada, na sua casa ou no terreiro. Se for na encruzilhada, procure uma encruzilhada que seja, de preferência, afastada de residências, e que tenha segurança, para evitar qualquer tipo de problema. A pessoa deve também comunicar algum órgão público, pedindo autorização para fechar a encruzilhada por algumas horas. Por isso, a brigada militar, principalmente, deve ser comunicada, para que possam, de vez em quando, passar pelo local, contribuindo, assim, com a segurança da gira. No local, é preciso fazer um cercado com uma corda, para as pessoas que vão assistir não se misturarem com as entidades, e, dentro, improvisar um congá ou altar com a imagem da sua Pombagira e de seu companheiro Exu. Por fim, é necessário levar flor e bastantes velas. Como vocês já sabem, para nós, espíritos, entidades, orixás, guias e protetores, não existem horários (tempo da terra), qualquer hora é hora, mas se vocês quiserem escolher, no plano de vocês, algumas horas abertas, as mais indicadas, em relação à Linha de Esquerda, para começar a gira são: 16h, 18h, 20h e 22h. São as que oferecem menos perigo para vocês nas ruas.

– Tendo eu um assentamento de Exu e Pombagira em minha casa, feito com ervas e bebidas, serei obrigado a, no futuro, fazer algum tipo de sacrifício com algum animal nele ou posso continuar a cultuá-lo somente com ervas?

– Não, já disse e repito: em hipótese alguma vocês são obrigados a fazer qualquer coisa dentro da religião de Umbanda e de sua Linha de Esquerda. Mesmo porque isso é uma questão individual de evolução, e que varia de pessoa para pessoa e também conforme a entidade assentada. É a lei do livre-arbítrio. Se vocês acham que devem fazer algum tipo de sacrifício de animais, façam-no; caso contrário, continuem cultuando apenas com ervas, pois elas têm a mesma força do sangue animal.

– Caso haja mais de um casal assentado junto, num assentamento de Exu e Pombagira, quando eu for acender vela serei obrigado a acender uma vela para cada entidade assentada? E quanto às oferendas, também serei obrigado a colocar uma para cada um?

– Não, uma vela que você acender no assentamento, direcionada a um Exu ou a uma Pombagira, já será suficiente para os dois ou para todas as entidades que estiverem assentadas juntas. O mesmo vale para o seu congá de Umbanda. Quanto às oferendas, você também pode intercalar: uma hora coloca para um, outra hora para outro; ou, se preferir, pode colocar para todos juntos, de tempo em tempo – com exceção das bebidas, ecós e condensadores, que você deve manter sempre no seu assentamento. Quanto às ofertas de Umbanda, você pode proceder da mesma forma. A vantagem de intercalar as velas e oferendas é que sempre haverá vela acesa e alguma oferenda no seu assentamento ou no seu congá de Umbanda, que nunca ficará vazio.

– No meu assentamento, eu tenho um Exu e uma Pombagira de Cruzeiro assentados (Exu Tranca Rua e Pombagira de Sete Encruzilhadas). Posso, para ajudar a mim ou a outra pessoa, arriar uma oferenda ou até mesmo um trabalho para o bem de outro Exu ou Pombagira de Cruzeiro que não sejam os que estão assentados no meu assentamento ou até mesmo para um Exu ou Pombagira de mato, praia ou alma?

– No seu assentamento de Exu ou Pombagira, você pode arriar, seja para você ou para ajudar uma pessoa necessitada, qualquer tipo de trabalho ou oferenda, sempre para o bem, e para qualquer entidade da Linha de Esquerda, independente de qual Exu ou Pombagira estejam assentados no seu assentamento e para qual esteja sendo direcionada a oferenda ou trabalho. Se a oferenda ou trabalho for para os mesmos que estão assentados, ótimo; caso contrário, eles mesmos se encarregarão de fazer com que o trabalho ou oferenda arriado seja recebido pelo Exu ou Pombagira a que foi direcionado, seja ele de cruzeiro, mato, praia ou alma, para que você possa ter retorno o mais breve possível. Encerramos por aqui, meu filho. Fique em paz e vá descansar.

– Salve o senhor, meu Pai Ogum.

SESSÃO IX

Mãe Iemanjá, nossa Mãe Iemanjá
Mãe Iemanjá, venha trabalhar
Mãe Iemanjá
Entra na canoa, passarinho voa
quem manda lá no mar é Iemanjá
a rainha lá do mar é Iemanjá.

Sexta-feira, 15 de abril de 2011, 22 horas

— Salve o senhor, meu Pai Ogum da Lua!

— Ei saravado assim, meu filho. Acho que andamos conversando demais sobre outros assuntos ou então foi o tempo de vocês, nesse plano, que passou muito rápido, pois já estamos na reta final. O tempo é curto e ainda faltam muitas coisas. Vamos nos estender um pouco mais hoje, que é a penúltima lua, para terminarmos na próxima. Ou melhor, não nesta próxima, pois vocês terão o feriado católico da Paixão de Cristo. Quando o filho quiser continuar, estou pronto, e se quiser fazer um intervalo é só falar, meu filho.

— Meu Pai, se uma pessoa me procurar, necessitada de ajuda, posso fazer um ponto de fogo nela, em frente ao assentamento dos meus Exus?

— Não só pode como deve, meu filho, essa é a finalidade de um médium de Umbanda. Mas faça certo. Abra a casa dos Exus, acenda uma vela e bata sineta pedindo tudo de bom para essa pessoa. Diante da porta da casa dos Exus, risque no chão, que pode ser de terra, cimento ou azulejado, um semicírculo médio com uma pemba vermelha e com as pontas em forma de flecha, viradas para frente, ou seja, ao contrário da porta da casa dos Exus. Redesenhe o semicírculo com pólvora por cima do risco feito com pemba ou coloque sete buchas de papel com pólvora ou sete buchas de algodão com pólvora em cima do risco, começando pelas pontas e dividindo as restantes de maneira espaçada sobre o semicírculo. Ou, se preferir três buchas, coloque duas nas pontas do risco e uma no meio, que ficará nas costas da pessoa. Coloque a pessoa dentro, sem pisar ou passar por cima do risco, entrando pela abertura do semicírculo e ficando de frente para ele, isto é, de frente para a abertura, com as mãos levantadas para cima. Então, toque fogo, com muito cuidado, no risco ou nas buchas, começando obrigatoriamente pelas costas da pessoa, e terminando nas pontas. Procure, colocar fogo com alguma coisa comprida, pois a pólvora explodirá rapidamente ao contato com o fogo. Logo depois, retire a pessoa de dentro do semicírculo, pela abertura, e apague tudo, limpando com uma bacia com água, cachaça e um pano molhado. Despache o líquido na rua, inclusive o pano, e está pronto. Nos próximos dias, mande a pessoa tomar um ou dois banhos de descarga e faça uma oferenda para os Exus abrirem os caminhos dessa pessoa, depositando-a no assentamento e despachando-a na rua após três dias. Não esqueça que, mesmo o chão sendo de terra e o risco não aparecendo, ele está lá. Ou, se preferir, vá ralando a pemba com uma pedra até formar o semicírculo com o pó da pemba. O resto segue da mesma forma.

– No assentamento da Linha de Esquerda com um Exu e uma Pombagira assentados, é preciso haver uma faca para cada um ou uma só é suficiente para os dois? E se no assentamento tiver mais de um casal de Exus assentados? E mais: se no assentamento não houver corte de animais, sendo cultuados apenas com ervas é necessário que haja faca?

– Em um assentamento feito com um ou mais casais de Exus, vocês podem, se quiserem, colocar uma faca para cada um, sem problema algum, porém não há necessidade: uma faca, apenas, destinada ao Exu ou à Pombagira que vocês consideram o dono(a) da casa já é o suficiente para todos os cortes no assentamento ou fora dele. Caso o assentamento seja feito e cultuado só com ervas, também deve ter a faca, que é considerada uma das ferramentas importante no assentamento dos Exus e Pombagiras.

– Sou casado e, minha mulher, que também é médium, incorpora uma Pombagira. Posso fazer o meu assentamento de esquerda formando o casal, com o meu Exu e a Pombagira dela?

– Pode, desde que a Pombagira dela seja do mesmo ponto de força que o seu Exu. Por exemplo: Exu de Cruzeiro, Pombagira de

Cruzeiro; Exu de Alma, Pombagira de Alma. Caso contrário, não, devendo colocar uma Pombagira que combine com o seu Exu e um Exu que combine com a Pombagira dela, sendo que os quatro fiquem na mesma casa ou lugar em que estão sendo assentados, podendo primeiro assentar um casal e, no futuro, o outro. No caso de os dois serem do mesmo ponto de força e forem assentados juntos, esse assentamento conjunto só vale para pessoas casadas ou que vivam juntas, nunca para irmão de corrente, parente, amigo ou namorado, que às vezes assentam seus Exus juntos, até mesmo para economizar, sem se darem conta de que correm o risco de ficarem colados um no outro. Se forem assentados juntos, não esqueçam: o assentamento do Exu pertence a um e o assentamento da Pombagira pertence ao outro. E se um dia, por uma infelicidade, o casal vier a se separar, cada um deve ficar com o assentamento da sua entidade. Passado algum tempo, depois de refletirem bem, e se realmente não houver volta, os dois devem corrigir os seus assentamentos, ou seja, assentar outros para fazerem par com os seus.

– Pode acontecer de um assentamento de Exu e Pombagira não estar respondendo aos pedidos ou não estar trazendo bons resultados para o local onde estão assentados, por estar viciado a cortes de animais ou a outros rituais quaisquer, feitos seguidamente ali?

– Esta é uma ótima pergunta, meu filho. Com certeza, sim, e é o que mais acontece na maioria dos terreiros ou por pessoas que possuam assentamentos em sua própria casa. Vamos tentar esclarecer da seguinte forma, que é fácil de ser entendida: assentamento significa assentar, ou seja, colocar algo em um devido lugar e não mexer mais, sob pena de desassentá-lo. O mesmo acontece com o assentamento de Exu e Pombagira, que, após assentados, não devem mais ser movidos, em hipótese alguma – a não ser quando for fazer o reforço do assentamento, que deverá ser feito em um, dois, quatro ou sete anos, dependendo de como foi assentado. Esse negócio de ficar toda hora cortando animais, fazendo reforço de ervas, colocando grandes oferendas no assentamento, pensando em deixá-lo mais forte ou potente, é uma pura ilusão, só vai fazer com que o Exu e a Pombagira fiquem viciados a esses costumes, só atendendo seus pedidos perante esses mesmos rituais. Se isso estiver acontecendo ou vier a acontecer, vocês devem, para tirar o vício ou resquícios anteriores de como era cultuado, lavar o assentamento com água, sabão de coco ou da costa, e secá-lo com um pano, como já ensinei anteriormente (como se fossem tirar a mão de alguém), e fazer um novo processo de reforço nele. Desse dia em diante, deverão cultuá-lo de forma totalmente diferente de como vinham cultuando antes, ou seja, sem ficar cortando, fazendo ou colocando coisas a toda hora no assentamento. Para responder, um assentamento bem-feito e bem cuidado, não precisa que se façam muitas coisas. Com o seu reforço em dia e o mínimo de oferendas e agrados possíveis, ele já lhe trará bons resultados, atendendo a todos os seus pedidos.

– Se eu for me mudar de residência ou até mesmo de cidade, como devo proceder em relação ao meu assentamento de Exu e Pombagira?

– Da seguinte maneira: se a casa do assentamento for de madeira ou de outro material parecido, com certeza vocês vão levá-la consigo. Se a casa for de alvenaria, vocês terão que fazer outra, e deverão desmanchar totalmente a casa antiga do assentamento, depois que retirarem os materiais de dentro. Isso tudo deve ser feito por que, sendo o assentamento uma imantação de energias muito melindrosas, evitará que as entidades, por costume ou tempo, voltem para esse local onde estiveram assentadas. Na hora de levar os materiais que representam o assentamento (quartinhas, aguidais, imagens etc.) para o novo endereço, na mesma cidade, terão que ir soltando milho torrado e pipoca misturados, do ponto onde estavam assentados até o ponto onde serão novamente assentados, largando de grão em grão, de forma espaçada, pela rua, de modo que deixem um rastro de milho e pipoca, puxando e chamando as entidades até o novo local onde serão assentados. Isso tudo pode ser feito a pé, com ajuda de outras pessoas, ou, se preferir, de carro, com mais uma pessoa para ir soltando o milho e a pipoca caso vocês vão dirigindo. Vocês devem controlar o milho e a pipoca para que terminem o trajeto com uma pequena sobra deles, que deverão ser jogados em cima da casa dos Exus e da sua nova casa. Caso a mudança seja de cidade, não há necessidade do puxado. Se na feitura do seu assentamento vocês optaram por fazer o plantio em baixo da casa do Exu e Pombagira, automaticamente terão que fazer mais uma vez no novo endereço. Feito isso, reforcem o assentamento com ervas ou aves, se for o caso, como foi feito anteriormente na sua feitura, e estará pronto. Se vocês não tiverem optado pelo plantio e não pretenderem fazê-lo, apenas reforcem o assentamento conforme dito anteriormente, ou, se quiserem, podem aproveitar para fazer o plantio nesse momento. Isso tudo não precisa ser feito às pressas: vocês podem mudar, organizar os Exus, organizar-se, e, depois de alguns dias, fazer os rituais, sem problema algum.

– Antes de morrer, posso deixar meu assentamento de Exu e Pombagira como herança para outra pessoa? Por exemplo: esposa(o), filhos ou até mesmo um amigo? Isso não prejudicaria a mim e a minha entidade depois da minha partida, já que a estou deixando com uma obrigação que não lhe pertence, pois a única obrigação que ela tinha nesse plano era evoluir somente comigo?

– Primeiro, saiba que uma entidade de Umbanda não tem compromisso só com uma pessoa, e que um assentamento não é a entidade, é apenas um elo de ligação entre o médium e a entidade.

Mas vamos analisar isso juntos: vocês têm um assentamento das entidades Exu e Pombagira que foi feito com muito amor e carinho, para melhorar material, e espiritualmente as suas vidas. Cuidou e cultuou esse assentamento durante anos, pedindo força, luz, saúde, felicidade e prosperidade para você, suas famílias e, muitas vezes, para algum amigo, sendo atendido em todas as vezes que chegou à frente do assentamento com seus pedidos. Durante esse tempo todo de êxito e sucesso nos seus pedidos, automaticamente não só você como sua família, ou até mesmo amigos beneficiados pelas entidades, passaram a adorar e a ter fé no Exu e na Pombagira assentados, agarrando-se a eles nas horas em que mais precisaram. Então, por uma infelicidade, vem o falecimento da pessoa a que pertence o assentamento, provavelmente o pai ou a mãe. Nessa hora de angústia e de sofrimento, além de perder o companheiro, pai ou mãe que talvez seja o dono do assentamento, não seria bom perder também o próprio assentamento, que é de onde tiraram força e fé para sobreviver durante esse tempo todo, e que, com certeza, já faz parte da família. Sem dúvida, o assentamento poderá ser, nesse momento de tristeza, um ponto de apoio para buscarem forças e energias a fim de seguirem em frente, além de ser uma lembrança maravilhosa e constante do falecido ano que diz respeito à religião. Então, baseado nisso tudo, vocês poderão ainda em vida, deixar seu assentamento da Linha de Esquerda para outra pessoa, sem problema algum para vocês depois da sua partida, ou para as entidades. Essa mesma pessoa que recebeu, poderá deixar para outra pessoa, que poderá deixar para outra e assim sucessivamente, preservando, assim, essa raiz, energia, força e fundamento assentados por várias gerações. Quanto a deixar a entidade com obrigações que não lhe pertence e que sua obrigação era somente com vocês: repito, mais uma vez, que uma entidade verdadeira, além de ter obrigações espirituais e materiais com o seu pupilo, tem também com seus familiares, amigos e pessoas de alguma forma ligadas a ele, ou seja, pessoas próximas e que o rodeiam etc. Ainda mais: a entidade tem obrigações para com a evolução da religião de Umbanda. Portanto, se vocês deixarem seu assentamento para alguém ainda em vida, façam com que a pessoa escolhida tire a sua mão do assentamento, lavando-o com água ou com um mieró feito com uma só erva amarga, sabão de coco ou da costa, e um pano branco ou vermelho para secá-lo. Após, a pessoa escolhida deve fazer um reforço para colocar a sua mão, e desse dia em diante somente ela poderá reforçá-lo, não podendo, em hipótese alguma, o antigo dono do assentamento colocar a mão em futuros reforços. Mesmo o antigo dono não podendo fazer mais reforços no assentamento, deverá permanecer, obrigatoriamente, na sua casa, pois continuará cuidando, acendendo velas, fazendo oferendas e trabalhos etc. sem problema algum, até os últimos dias de sua vida. Após o seu falecimento, se o herdeiro do assentamento morar no mesmo local, não há necessidade de se fazer nenhum ritual, apenas é preciso continuar cuidando desse dia em diante, agora sob a responsabilidade de vocês. Se o herdeiro morar em outro local, após os sete dias do falecimento do antigo dono, ele poderá levar o assentamento para este local, obedecendo ao mesmo ritual de mudança de residência que foi ensinado anteriormente. Mesmo sendo de interesse e vontade do médium dono do assentamento deixá-lo para alguém, se vier a falecer de repente, antes de realizar os rituais de tirar a mão citado acima, o assentamento deverá ser despachado, não podendo ficar com ninguém, em hipótese alguma.

– As oferendas ou os trabalhos despachados ou arriados nas encruzilhadas ou nos pontos de força das entidades devem ser feitos obrigatoriamente nesses lugares?

– Não é que seja obrigatório, meu filho. Nesses pontos de força, existem uma energia e vibração fortíssimas da entidade, que energizarão e vibrarão bastante na sua oferenda ou trabalho realizado. Por isso, às vezes, o médium é obrigado a ir a esses locais com seus trabalhos e oferendas. Contudo, deve ter o máximo de cuidado em relação aos locais e materiais utilizados, além de procurar ir sempre a locais afastados de residências e usar o máximo possível de materiais que se deteriorem rapidamente, para não danificar a natureza.

– Posso levar uma oferenda a um lugar afastado, com garrafa, copo ou taça de vidro ou plástico, e depois de alguns dias voltar ao local para buscá-lo e então dar-lhe um melhor fim? Ou até mesmo guardar o copo ou taça para serem usados novamente, na próxima oferenda?

– Podem, sem problema algum, afinal de contas a oferenda não são as vasilhas e, sim, o conteúdo, pois, após 24 horas, já terá sido extraída por nós, que, converteremos toda a energia dele em direção a vocês e a seus pedidos. No caso dos copos e taças, podem lavá-los e guardá-los para serem usados em uma próxima oferenda. Essa atitude do médium, de cultuar suas entidades, zelando pelo planeta e sua natureza, nos deixa muito orgulhosos. O momento em que vive o planeta é de muita atenção em relação a natureza; todos devem se adaptar à realidade, já que as próprias entidades, orixás, guias e protetores estão lhes mostrando, a cada dia, que vocês evoluam dentro da religião, sem se descuidar da natureza, principalmente em relação aos orixás, que são cultuados em diferentes pontos da natureza: Iemanjá, na praia ou mar; Xangô, na pedreira; Oxóssi, na mata; Oxum, nas cachoeiras etc. Então, vocês podem, também, na hora de levar um perfume para iemanjá, virar todo o líquido na água e levar de volta o frasco para lhe dar um melhor fim. Não deixem materiais sujando as praias que, com certeza, a própria

Iemanjá não gosta de ver isso acontecer no seu ponto de força. O mesmo vale para todos os orixás, guias e protetores. Na hora de levarem suas oferendas, procurem levar em vasilhas de papel, papelão, folhas verdes como mamona ou bananeira, ou depositem direto na terra, areia, pedra, água, grama verde etc. Não está errado e não há problema algum em relação aos orixás, pois tudo é natureza, e, sendo assim, tudo se misturará e se desfará em pouco tempo, convertendo-se em forma de energia sem prejudicar o curso da natureza, que é o hábitat de vocês e de seus orixás.

– Gostaria de saber o que o senhor acha do sacrifício de animais, ainda em uso na Linha de Esquerda. O senhor é a favor ou contra?

– Analisemos bem, meu filho, porque é um assunto bastante delicado e deve ter uma boa interpretação. Nós, entidades de Umbanda, as entidades da Linha de Esquerda e vocês, seres encarnados e desencarnados, estamos todos em processo de evolução. Porém, nós estamos um pouco mais avançados no progresso espiritual em relação às entidades da Linha de Esquerda e a vocês. Não precisamos mais de certos rituais, por isso, hoje, somos contrários ao sacrifício de animais e a alguns preceitos ainda usados pelos nossos irmãos na Linha de Esquerda. Tudo é uma questão de evolução, e nós, entidades, devemos acompanhar o progresso, procurando evoluir o máximo possível. E como tudo é julgado, dependendo da sua intenção, não deixamos de reconhecer o seu grande valor, principalmente no aprendizado e na evolução de algumas entidades da Linha de Esquerda que ainda acham que necessitam desses rituais, e para vocês, seres encarnados, que ainda precisam de algo "aparentemente forte" para despertar a fé, a convicção e a certeza na força de suas entidades. É um processo de evolução e, como todo processo, tem começo, meio e fim. Chegará um dia em sua trajetória religiosa no qual tanto vocês como suas entidades de esquerda estarão bastante evoluídos, a ponto de se darem conta de que nada disso era necessário, mas que, em momentos passados, devido às suas inseguranças, apenas serviu como degraus de uma escada para a evolução e progresso espiritual de vocês.

– Em épocas bem antigas, muitos seres humanos foram sacrificados em rituais em nome dos deuses e orixás. Tempos depois, talvez por evolução, substituíram esse mesmo ritual e passaram a sacrificar animais ao invés de seres humanos. Considerando esse fato, e já que os orixás são os mesmos, não seria a religião de Umbanda talvez a última instância de evolução da religião africana, abolindo totalmente o sangue?

– Como já falei anteriormente, esse plano, em que vocês se encontram encarnados, é um colégio de aprendizado: existe tempo e hora certa para tudo, principalmente em relação à evolução. E tanto vocês como nós, entidades, estamos numa jornada sem fim; somos espíritos imperfeitos em busca da perfeição, até porque não existe uma evolução espiritual sem antes passar pelos planos mais densos, e não existe uma evolução material sem antes passar por certas provações da matéria. Em relação à Umbanda ser a última instância de evolução das religiões africanas, não digo que seja a última, mas que é umas das mais importantes instâncias de evolução do espírito não só das religiões africanas como de outras importantes religiões espíritas, espiritualistas, evangélicas, cristãs etc. Como vocês devem saber, no passado, os católicos já acreditavam na reencarnação e, hoje, depois desse bombardeio de fenômenos espirituais presenciados por vocês, dia após dia, não somente os católicos como os evangélicos e outros mais estão se voltando para as religiões espíritas e espiritualistas. Talvez estejam se dando de conta que essa é a religião do futuro.

– Em livros editados anteriormente pelo seu médium, inspirado pelo Exu Marabô e Pombagira Maria Padilha, ensina-se a fazer assentamentos da Linha de Esquerda com ervas e sangue (axorô, menga), ou seja, com sacrifício de animais. Tendo sido esses livros supervisionados pelo senhor, como o senhor mesmo disse, e sendo o senhor contra o sacrifício de animais, como pode ter autorizado que esses livros fossem editados? E mais: como pode um médium, de uma hora para a outra, e em tão pouco tempo escrever vários livros, ao passo que outros escrevem um por ano? Qual é o segredo?

– Vou tentar resumir uma história. De fato, todos os livros editados, os que estão sendo escritos e os que ainda serão escritos inspirados por alguma entidade de Umbanda, ou pela mente do meu próprio médium, foram e serão supervisionados e autorizados por mim. É um compromisso meu com a Umbanda para que o médium não se perca e não escreva nada que venha a prejudicar outras pessoas ou até mesmo outras religiões. Mas isso não me dá o direito de ser contra ou a favor de sacrifícios de animais, não sou nem serei o dono da verdade de cada um. Os meus direitos e os direitos de vocês terminam onde começam os direitos dos outros. E dentro desses direitos se encontra o livre-arbítrio de cada um de sacrificar ou não animais. Se hoje sou contra, no passado já fui a favor. Talvez por isso eu esteja onde estou, que é como se fosse uma escada da evolução, pela qual muitos ainda terão de passar. Em relação à quantidade de livros escritos em tão pouco tempo, isso não significa que foi de uma hora para outra. Tudo tem seu tempo certo, nada é por acaso, e nós estamos controlando o tempo do médium nesse plano que pode não ser muito longo. Além de o médium ser um velho conhecido nosso, de outros tempos, muito teimoso e que, por sinal, ainda é, foram quatro décadas, de 1966 a 2006, regando e regando o médium de conhecimentos e ensinamentos inspirados por mim e por outros irmãos de Umbanda. É como plantar uma arvore frutífera: você tem que regar e regar durante anos, para depois colher os frutos. Somente em 2006 o médium estava pronto. Neste mesmo ano, nós começamos a trabalhar em busca de caminhos para tentar divulgar o médium e as obras. Foi quando, induzido por nós, com muita dificuldade e com nossa ajuda, que o médium editou, por sua conta, alguns exemplares do seu primeiro livro, *Umbanda, Defumações, Banhos, Rituais, Trabalhos e Oferendas*. Seria um começo, mas ainda foram mais três anos de batalha minha e de outros irmãos de Umbanda tentando abrir outros caminhos para achar alguém sério, honesto, responsável e de capacidade para editar as outras obras que, aqui no astral, já vinham sendo preparadas há 40 anos e que já se encontravam prontas. E isso só aconteceu em 2009, quando decidimos, por unanimidade, pela pessoa do senhor Marcelo Aquaroli. Será que tudo isso foi de uma hora para a outra ou será que existe algum segredo espiritual no tempo?

– Ainda falando em livros editados anteriormente: é possível que, se um assentamento de Exu e Pombagira tenha sido feito com ervas e bebidas, e depois com axorô (sangue), a pessoa desejar no futuro abolir o axorô e voltar a cultuar e reforçar o assentamento somente com ervas e bebidas? Em livros anteriores, com os títulos de *Exu e Seus Assentamentos* e *Pombagira e Seus Assentamentos*, do seu médium, inspirado pelo Exu Marabô e Pombagira Maria Padilha, é dito que não.

– Não confunda. Nos livros de assentamentos, o Exu Marabô e a Pombagira Maria Padilha dizem que, no momento em que vocês oferecerem axorô (sangue), no assentamento, ele não receberá mais ervas como reforço, pois este deverá ser feito, desse dia em diante, com axorô, não podendo intercalar com ervas. O livro não diz que você não pode mais voltar a cultuá-los com ervas. Se isso acontecer e você quiser abolir o axorô, voltando a cultuá-lo só com ervas, faça o seguinte: pegue um balde com água pura e coloque um pouco de perfume ou essência de alfazema – caso não consiga alfazema, pode ser alecrim, além de um pedaço de pano branco e um sabão da costa ou de coco. Acenda uma vela no assentamento e faça uma chamada pedindo tudo de bom, explicando o porquê desse ritual. Diga que você não está tirando o Axé, Força, nem as entidades assentadas, que não está desmanchando o assentamento, apenas tirando os resíduos do axorô (menga, sangue), e que, desse dia em diante, não mais será usado em futuros reforços, sendo substituído por ervas e bebidas. Depois, com água, pano e sabão, lave todos os utensílios pertencentes ao assentamento (quartinha, faca, guia, imagem, ocutá etc.). Os que estão presos e dentro da vasilha do assentamento. como ponteira, chave e garfo, não os tire da vasilha, apenas passe o pano úmido por cima. Feito isso, coloque tudo no lugar, despache a água com o pano e o sabão na rua, e o assentamento está pronto para receber o reforço de ervas, não podendo mais, desse dia em diante, receber reforços de axorô. E não faça essa troca a todo momento, pois tanto as ervas quanto o axorô têm a mesma força.

– Nesses mesmos livros de assentamentos, o Exu Marabô a e Pombagira Maria Padilha dizem que não se deve fazer um assentamento de Exu sem assentar junto uma Pombagira, pois um é o negativo e o outro, o positivo. Baseado nesse fundamento, eu gostaria de saber como fica o assentamento do Exu de Duas Cabeças, uma vez que a imagem de gesso que encontramos no mercado já possui duas cabeças: uma masculina, representando o Exu e a outra feminina, representando a Pombagira?

– Assim como o próprio assentamento não é a entidade, a imagem também não é. Qualquer tipo de imagem de gesso é só uma representação da entidade, orixá, guia ou protetor, servindo apenas como catalisador de energia e para fazer a ligação entre o médium e sua entidade, o que ajuda a despertar ainda mais a sua fé quando o médium olhar para ela, acender uma vela e fazer seus pedidos. Não deixa de ter um grande valor espiritual, como "técnica" para pessoas de pouca fé, que só acreditam vendo. Embora meu médium e outros escritores umbandistas tenham citado apenas como sugestões o nome do Exu de Duas Cabeças; embora existam, no mercado imagens, e nada mais que isso, citados nos seus livros, referentes à Linha de Esquerda, e do Exu ; embora alguém diga que incorpora o Exu de Duas Cabeças; embora exista o ponto que vocês cantam do Exu de Duas Cabeças, que, por sinal, refere-se a duas cabeças masculinas (Satanás do Inferno, Jesus de Nazaré ou Exu Nazaré), contrariando a própria imagem de gesso a que vocês se referem, na qual há uma cabeça feminina e outra masculina; embora isso tudo exista, eu afirmo, como Caboclo, e baseado em meu nível de evolução, que esse Exu não existe e nunca existiu dentro da Umbanda e de sua Linha de Esquerda. Esse Exu é apenas uma má interpretação do bem e do mal. Esse tipo de erro acontece muito devido ao nível de evolução espiritual em que se encontra o médium ou até mesmo o próprio Exu. O que pode existir é um quiumba de duas cabeças, que é um espírito que, quando encarnado, direcionou e fez tanto mal que, prejudicando a outro espírito encarnado, quando desencarna, acaba plasmando, automaticamente, junto a seu espírito, a cabeça do espírito encarnado como forma de autopunição; é a lei de ação e reação fazendo seus ajustes cármicos. Outro caso é o do espírito vingativo plasmando a sua cabeça de quando ainda era encarnado no espírito do seu desafeto quando ainda encarnado, para atormentá-lo assiduamente num processo de vingança. Portanto, o médium que estiver incorporando um Exu que se diz ter duas cabeças que me perdoe, mas trate de rever esse Exu, porque alguma coisa deve estar errada. E quanto ao médium que estiver incorporando um Exu que se diz chamar Exu de Duas Cabeças, digo que pode até ser um Exu verdadeiro, mas, como falei anteriormente, devido a sua evolução ou à evolução do médium, este Exu está se apresentando com o nome errado. Assim, o médium deverá procurar resolver isso com o próprio Exu ou procurar uma pessoa mais esclarecida no assunto para lhe orientar melhor sobre o nome do seu Exu. Depois de corrigido esse engano, meus filhos, vocês evitarão coisas que nem sabem que existem, além de, é claro, evitar que, quando estiverem em algum lugar incorporado com seus Exu, apresentando-se com o nome de Exu de Duas Cabeças, pessoas presentes e mais esclarecidas comentem entre si que você, um médium de Umbanda, não sabe que está girando com um quiumba.

– Muitos babalorixás, ialorixás, caciques e chefes de terreiros não concordam com o fato de seu filho ensinar certos fundamentos de Umbanda em suas obras escritas, mesmo sendo inspirada por uma entidade. E tem mais: dizem que as obras são muito repetitivas. O que o senhor nos diz a respeito disso?

– Ninguém é igual a ninguém. Nem espíritos, nem entidades, nem seres humanos encarnados. Todos são diferentes; alguns, mais evoluídos; outros, menos. Por isso, há essa discordância em relação aos livros do meu médium e de outros escritores, só que esses livros, assim como muitos que se encontram no mercado, são obras que trazem fundamentos e ensinamentos, o que muitos desses que criticam deveriam fazer em vez de criticar. Se os antigos conhecedores da Umbanda, entidades e seres humanos, tivessem exposto e dividido melhor seus conhecimentos, a Umbanda hoje estaria numa posição bem melhor e mais privilegiada perante a sociedade. O meu médium e nós, entidades que o inspiramos, não somos melhores nem piores que ninguém, estamos apenas tentando fazer o que já deveria ter sido feito há muitas décadas por nossos irmãos encarnados e desencarnados, e talvez até bem mais evoluídos que nós em relação à religião de Umbanda. Ao apresentarmos essas obras, não foi nosso intuito inventarmos um fundamento, pois ele já existia. Nem tampouco somos donos da verdade absoluta, queremos apenas mostrar princípios e fundamentos com a intenção de orientar futuros babalorixás, ialorixás, caciques ou chefes de terreiros. Quanto às obras serem muito repetitivas, talvez seja essa a finalidade: repetir para aprender melhor o grande fundamento que é a religião de Umbanda. E, quem sabe assim, esses mesmos "médiuns" que criticam os trabalhos dos outros, aprendam um pouco mais sobre esse fundamento, e parem de sujar o nome da Umbanda, fazendo, com suas "entidades", cirurgias espirituais de lipoaspiração e mandando ebó por e-mail. Meus parabéns, meu filho, hoje rendeu mais do que eu esperava. Encontramo-nos, não na próxima, mas ainda na outra lua, para terminarmos o nosso trabalho. Fique em paz e durma bem.

– Salve o senhor, meu Pai Ogum.

SESSÃO X

Oxalá, meu pai,
Tem pena de nós, tem dó
Se a volta do mundo é grande;
Seus poderes são bem maiores.

Sexta-feira, 29 de abril de 2011, 22 horas

— Salve o senhor, meu Pai Ogum da Lua!

— Ei saravado assim, meu filho. Hoje é nosso último encontro nessa missão, mas não fique triste, pois outras virão. Como já lhe falei na primeira lua e vou lhe falar nesta 11ª também, agora o filho está na fogueira e não pode voltar atrás. Vamos em frente.

— Meu Pai, se uma pessoa trabalha com a Pombagira Rainha das Almas e o Exu Sete Encruzilhadas, ela pode assentá-los juntos, mesmo não sendo eles do mesmo ponto de força, já que ela incorpora os dois?

— Não é o certo, nem o correto. Primeiro, ela deve verificar se não está interpretando de maneira equivocada o nome de um deles. Por exemplo: o seu Exu Sete Encruzilhadas pode ser Sete Encruzilhadas das Almas, que faz par com a Pombagira Rainha das Almas; ou a sua Pombagira Rainha das Almas pode ser Rainha das Almas das Sete Encruzilhadas; ou Rainha das Almas da Encruzilhada, que também faz par com o Exu Sete Encruzilhadas etc. Essa má interpretação dos nomes de entidades da Linha de Esquerda é o que mais acontece nos terreiros, por isso você deve estudar mais sobre a Umbanda e sua Linha de Esquerda. Mas, se esse não for o seu caso, então o mais correto a fazer é ela assentar juntamente com os seus, formando mais um casal de Exu, para que possa montar os pares, ou seja, uma Pombagira de Encruzilhada para fazer par com o Exu Sete Encruzilhadas; e um Exu de Alma para fazer par com a Pombagira Rainha das Almas. Assim, ficará com quatro casais assentados corretamente.

— Quanto aos axés de liberação de calçados, chapéu, faca, cadeira etc. para o Exu e Pombagira, são obrigatórios os seus rituais antes de a entidade usá-los?

— Como já falei antes, nada é obrigatório, nem no astral, nem no plano terra, nem em lugar algum: tudo é uma questão de livre-arbítrio. Os axés de liberação não são obrigatórios, são apenas sugeridos por nós, entidades, por uma questão de respeito, ordem, fundamento, raiz e doutrina, a ser seguida dentro do terreiro pelas entidades e médiuns, sobretudo os novos, para que a verdadeira Umbanda e sua Linha de Esquerda não se perca no tempo, caindo no esquecimento a sua origem e seu fundamento. Além disso, são rituais muito bonitos para se mostrar às pessoas.

– Em um ritual de cruzamento na Umbanda, um Exu ou uma Pombagira podem ser padrinhos de um iniciado?

– Até podem, mas vocês não devem convidá-los. O correto é vocês convidarem para padrinhos de batizado ou cruzamento uma entidade da Linha de Direita, que são entidades de altíssima evolução e portadoras de muita luz. Porém, dependendo da raiz e do fundamento que o terreiro que vocês frequentam segue, qualquer tipo de batizado ou cruzamento, seja de criança, adulto ou de um iniciado, um Exu ou uma Pombagira podem ser padrinhos, desde que a entidade se apresente antecipadamente, sem que vocês a convidem e falem do seu desejo de apadrinhar o ritual. Devem pedir autorização ao guia chefe do terreiro para apadrinhar a criança, adulto ou iniciado, comprometendo-se e assumindo compromissos e responsabilidades por ele. Se for uma criança, devem pedir também autorização dos pais ou responsáveis. Recebendo autorização do guia chefe e dos pais, podem apadrinhar, se for o caso. Quando vocês forem fazer ou receber do chefe do terreiro seu assentamento de Exu e Pombagira (ponto de força), aí, sim, vocês podem convidar uma entidade da Linha de Esquerda que já tenha assentamento para apadrinhar o seu.

– Sempre que eu for fazer uma oferenda ou trabalho para o meu guia, para mim ou para ajudar outra pessoa, independentemente da finalidade dela, primeiramente tenho que servir ou agradar a Linha de Esquerda?

– Como vocês mesmo dizem, sem Exu não se faz nada. Então, cada vez que vocês forem fazer uma oferenda ou trabalho direcionado à sua entidade da Linha de Direita, e independentemente da finalidade e para quem ela seja, primeiro vocês devem agradar com uma pequena oferenda a sua entidade de esquerda. Quando o trabalho ou oferenda for direcionado a outra entidade da Linha de Direita, primeiro vocês devem agradar uma entidade da Linha de Esquerda, do mesmo ponto de força da entidade da Linha de Direita a que está sendo direcionada a oferenda ou trabalho. Por exemplo: um trabalho ou oferenda para uma entidade da Linha de Direita na praia. Primeiro, vocês devem agradar uma entidade da Linha de Esquerda na praia, ou seja, um Exu de praia, para que ele abra os caminhos e leve sua oferenda, trabalho, súplicas, desejos e pedidos etc. até seu destino, podendo também, se assim desejar, fazer a oferenda ou trabalho para uma entidade qualquer da Linha de Direita e agradando a sua entidade da Linha de Esquerda, independentemente de ela ser ou não do mesmo ponto de força da entidade a está sendo direcionado o trabalho ou oferenda.

– Sendo o senhor um Caboclo, como pode saber e entender tanto de outras entidades, pertencentes a outras linhas?

– Meu filho, nós, entidades, guias e protetores, também estamos, como vocês, em processo de evolução e aprendizado. Por isso, somos obrigados a nos especializar em vários assuntos. Não se esqueçam também de que, apesar de tudo, somos espíritos reencarnantes. Ontem falei como Exu e Preto Velho, hoje falo como Caboclo e amanhã... amanhã será outro dia! Tudo isso vale para todos os espíritos que escolheram trabalhar nas correntes do bem, das religiões espíritas e espiritualistas. E os nomes e Linhas em que nos apresentamos a vocês não querem dizer que, necessariamente, já tenhamos pertencido a elas. Às vezes, somos apenas preparados, para ingressar em uma missão, onde deveremos incorporar nomes e linhas nos quais vamos trabalhar durante a missão. Como já tive o privilégio de participar de várias missões, materiais e espirituais, hoje sou apenas um espírito um pouco mais esclarecido, só isso.

— Como estamos chegando ao final desse trabalho, o senhor poderia deixar uma receita de presente para nós?

— O presente que eu deixo e considero maior do que qualquer outro é o que foi conversado e escrito nessas folhas de papel durante as nossas dez sessões. Se todos os médiuns iniciantes na Umbanda que lerem, entenderem-no um pouquinho e o souberem aproveitar, com certeza suas vidas materiais e espirituais melhorarão muito. E já que vocês, nesse plano em que se encontram, gostam muito de uma receitinha, para resolver seus problemas, vou deixar uma para vocês lembrarem desse humilde Caboclo: tomem bem devagar e com bastante fé um banho de descarga com sete diferentes tipos de ervas juntas, mel e perfume a gosto, durante sete dias seguidos, sem interromper, sob pena de começar tudo de novo. Durante cada um dos banhos, recite sete vezes estas palavras: "sete e sete são quatorze, mais sete, vinte e um na conta de Ogum, meu Pai Ogum da Lua, abra todos os meus caminhos". Missão cumprida, meu filho. Espero que o senhor tenha gostado de participar dessa missão junto comigo. Fique em paz e até uma próxima oportunidade.

— Gostaria de agradecer ao senhor, meu Pai Ogum da Lua, do fundo do meu coração e em nome de todos os meus irmãos umbandistas, pelos ensinamentos simples, humildes e práticos passados a nós. E, se não for abusar, gostaria que o senhor encerrasse este trabalho com mais algumas palavras simples, humildes e verdadeiras como são as suas.

Com a palavra o sr. Caboclo Ogum da Lua

Filhos de Umbanda e meus irmãos em espírito, como o tempo e o espaço são curtos, vou tentar resumir um pouco de cada assunto dos vários que eu gostaria muito de falar, independentemente da religião de cada um. Não são palavras bonitas e talvez nem bem colocadas na ordem certa desta escrita, mas são palavras verdadeiras, que este humilde Caboclo, portador de muita luz, gostaria de deixar para todos vocês, que estão nesse plano em busca da perfeição do espírito, refletirem. Vou começar lembrando a todos vocês que, quanto mais longe o homem vai, nas suas pesquisas e na ciência, mais forte é a presença do divino criador; é na sua origem e na sua evolução que vocês deverão sentir o ato divino. Hoje, o homem está voltado para si mesmo, com a necessidade cada vez maior de descobrir a sua essência e sua importância como ser espiritual milenar que é, e de viver os ensinamentos espirituais.

Nascer, crescer, viver, morrer e tornar a nascer significa estar progredindo, continuamente; tal é a lei do espírito. E tudo que vocês plantarem nessas trajetórias, com certeza vocês levarão consigo para sempre. Torço para que vocês continuem fazendo parte por muito tempo desta maravilhosa comunidade que é o planeta Terra, onde todos vocês são irmãos e devem visar sempre ao bem-estar do próximo, e que o amor seja a religião de cada um de vocês. Pois podemos até dizer que existem tantas religiões no mundo quantos seres encarnados. O problema e as causas dessa comunidade em que vocês vivem hoje são: pessoas excluídas na miséria, desordem moral, fome, vícios, drogas, alcoolismo, prostituição, delinquência, roubos, indisciplina, superioridade de um ser sobre o outro e o mais importante: a questão espiritual. Vocês precisam evoluir o pensamento urgentemente e conhecerem a lei da causa e efeito, sabendo que o dinheiro não compra felicidade, embora possa até dar algumas facilidades, mas vocês têm que saber empregar bem os bens que tem. Muitas pessoas têm dificuldades em lutar por melhores condições, por isso vocês devem ajudá-las para que sejam ajudados, plantarem para colherem mais tarde. No plano espiritual, vocês terão tudo o que tiveram e fizeram nesse plano, de bom ou ruim; assim é cada reencarnação, principalmente com a dor que serve como alerta para lembrar o compromisso assumido em progredir espiritualmente, pois é por meio dela que vocês desenvolverão as suas sensibilidades; é a dor que vem para o bem. Então, procurem ter a mente sã e terão um corpo são. Mágoas e sentimentos degeneram o corpo, tornando-os verdadeiros cânceres, principalmente se vocês tiverem ou carregarem algum tipo de sentimento de culpa por algum ato realizado a alguém nessa encarnação. Muitas pessoas, ao procurarem os terreiros de Umbanda em busca de cura de alguma enfermidade, conseguem propositadamente essa cura bem devagar, aos poucos, para que possam ficar mais tempo dentro dos terreiros e refletirem melhor sobre suas dores e aflições. Isso porque, quando conseguem a cura muito rápido, nunca mais colocam seus pés em um terreiro.

Seja qual for a doença, a Umbanda não dispensa o paciente de cuidados médicos, psicológicos e terapêuticos se ele estiver em tratamento. Ela tem por objetivo fazer com que, juntos, tenham um tratamento que some também a evangelização do paciente para uma vida melhor. Na maioria das vezes, sugerimos que saiam um pouco de vocês, que procurem as pessoas, um amigo, colega, conhecido, vizinho, que conversem com ele, cumprimentem-no, abracem-no; vocês precisam deles e eles de vocês. Busquem os outros, que vocês acabam se encontrando, pois vocês todos têm a mesma essência, e, no outro, vocês acabarão encontrando aquilo que estão buscando dentro de si mesmos. Deixem um pouco de lado essa sociedade preconceituosa, opressora e consumista em que vocês são levados a pensar muito mais no conforto material do que no dever com o próximo, como cidadãos. Assim, tornam-se espíritos frágeis e imperfeitos. Nesta vida, aprendam a ter paciência e a colaborar com seus irmãos encarnados; muitas situações exigirão a sua ajuda e tolerância com frequência. Aprendam a expressar suas ideias e sentimentos, pois aparecerão, constantemente, situações em que terão que demonstrá-los e, se não o fizerem, poderão perder mais uma oportunidade de crescimento material e espiritual. Aprendam a ter fé em vocês mesmos e em suas entidades; situações materiais e espirituais exigirão sua crença em si mesmos e na ajuda de um poder espiritual. Aprendam a utilizar seus recursos financeiros conforme suas posses, para não passarem por privações materiais. Encontrem o equilíbrio entre o egoísmo e o excesso de solidariedade. Sejam independentes e confiantes em seus próprios atos. Usem positivamente sua ambição e sua criatividade. Algumas descobertas no campo da ciência religiosa têm reforçado a tese de vocês de que não existe compromisso maior do que lidar com essas forças da natureza; as folhas, raízes, ervas, flores, frutos, terra, água, ar e fogo não são apenas substâncias, são fórmulas, são energias que, bem cuidadas, podem evidentemente salvar o planeta e, muitas vezes, até uma pessoa. O ser humano ainda não despertou para um bom banho de descarga, uma defumação e, em especial, para as preces e orações diárias. Quando isso acontecer com vocês, verão a diferença, dia a dia, em vocês. Todos vocês, na terra, precisam urgentemente de uma reeducação mental, emocional, espiritual e material para poderem ter uma vivência sadia e com êxito em tudo o que forem realizar. Invisível e encantado é o nosso mundo na natureza, das entidades, espíritos, divindades, orixás, guias, protetores e das forças espirituais africanas. É a lei da natureza, regendo a vida no planeta Terra. Então, por maior que sejam seus problemas, não pensem nunca em cortar o fio da vida (morte). Embora morrer seja uma coisa natural, a morte deixa muita saudade aos que ficam nesse plano, porque, enquanto estão encarnados, a morte ninguém sabe o que é, e, para vocês, morrer é fácil e rápido, difícil é viver. Nós somos espíritos, e espíritos são energias muito sensíveis, por isso podemos estar em vários e em quaisquer lugares em uma fração de segundos. O mesmo vale para quando alguém pensa ou direciona o pensamento a nós, entidades: rapidamente estamos junto com a pessoa. Quando alguém pensa em um ente querido, também pode atrair o espírito dele rapidamente. Então, quando algum parente partir do plano de vocês, não fiquem pensando nele o tempo todo.

A religião de Umbanda sofreu por décadas, nesse plano, com a perseguição e a repressão policial, bem como de algumas autoridades importantes. Porém, resistiu funcionando clandestinamente e às escondidas.

Entre conflitos e tolerância, os terreiros de Umbanda foram se multiplicando até os dias de hoje. Vieram as escritas de vários autores, ensinando e doutrinando sobre a religião e seus preceitos, e hoje é possível encontrar até colégio com cursos preparatórios de médiuns de Umbanda.

Com isso, a religião de Umbanda vem ganhando espaço e muito prestígio entre a elite e intelectuais, sendo reconhecida e praticada em vários países, com uma probabilidade de se espalhar rapidamente pelo mundo inteiro, tornando-se uma das maiores religiões espírita e espiritualista do mundo.

No entanto, para que isso aconteça, em primeiro lugar vocês têm que aprender que, na Umbanda, não se cultuam pessoas nem luxúria, e, sim, entidades, espíritos ou divindades que são as forças da natureza; Caboclos, Pretos Velhos, Exus etc. Então, o que vocês cultuam são energias da natureza e estas, ao contrário de vocês, não brigam entre si; a prova disso é que, na natureza, vocês encontram o veneno, mas também encontram a cura; vocês só precisam conhecê-la para descobri-la.

O mesmo acontece com o tambor, que muita gente não sabe ser muito mais do que apenas um complemento rítmico.

O tambor é uma linguagem, o mensageiro dos cantos às entidades, aos guias e protetores; fala a linguagem específica com a religião e seus adeptos.

Embora a Umbanda seja uma religião diversificada e complexa, com diferentes formas de cultuá-la em cada estado ou país, é uma religião em que nós, espíritos e entidades, uns mais evoluídos, outros menos, podemos trabalhar para o bem do ser humano e do planeta. Assim, buscamos a evolução em conjunto, de modo que todos devem preservar para continuar e não se perderem no tempo. A Umbanda, durante esse tempo todo, aprendeu a conviver com os ritos católicos, espíritas, indígenas, africanos etc. Nessa convivência, recebeu várias influências, principalmente no que diz respeito a símbolos dessas religiões, o que resultou em sincretismo. Por estar situada, com seus terreiros ou templos, na maioria das vezes, nas periferias e zonas pobres das cidades, a religião de Umbanda é a que mais vê, sente e vive a pobreza e a dificuldade das pessoas. Ela vive o dia a dia dessa comunidade. Além do conforto espiritual, com suas festas e matanças de animais na Linha de Esquerda, acaba até mesmo ajudando na alimentação de alguns moradores da comunidade em que se situa.

Talvez, seja até um pouco por isso que a Linha de Esquerda ainda aceite esse tipo de sacrifício. Pois, na maioria das vezes, a matança é o ciclo da vida e não podemos esquecer que a lei do mundo, também é a mesma de Oxóssi: "só se mata para comer".

Portanto, se houver sacrifício de animais no assentamento da Linha de Esquerda, a carne deve ser aproveitada, ou seja, consumida pelos adeptos e frequentadores do terreiro. Em hipótese alguma, devem ser largadas (despachadas) em cruzeiros ou matos.

Seria um desperdício e desrespeito à natureza, ao animal sacrificado e às pessoas que muitas vezes não têm sequer um pedaço de pão, quanto mais carne para comerem ou darem para seus filhos. Será que as verdadeiras entidades, espíritos ou divindades da Linha de Esquerda ficarão contentes com vocês, ao verem vocês depositarem, nas encruzilhadas ou matos, animais mortos que poderiam servir de alimento para muitas pessoas e crianças necessitadas? Deixando-os ali para apodrecer, criar mau cheiro e juntar larvas e germes astrais que, muitas vezes, podem até prejudicar um inocente que passe perto e, sem querer, tenha contato com esse absurdo?

Isso só provaria o despreparo do médium como cacique, chefe do terreiro ou babalorixá.

A pessoa pode até passar por todos os rituais necessários e exigidos dentro da Umbanda e sua Linha de Esquerda. Porém, se não tiver anos de vivência e experiência em um terreiro, convivendo com os mais diversos tipos de problemas das pessoas, não poderá ainda se considerar um chefe de terreiro – principalmente se não tiver um bom amadurecimento espiritual.

Mesmo estando pronta, tendo realizado todos os rituais, sem um pouco de vivência e experiência não poderá fazer feituras de cabeça, e se, mesmo assim, o fizer, não estará destruindo a raiz, o fundamento ou a própria religião; com isso, estará apenas enganando o iniciado e a si mesmo, dando ou fazendo feituras de cabeça simplesmente porque fez todos os rituais e já se considera um chefe de terreiro. Mas é inexperiente dentro da religião, imaturo espiritual e materialmente para conduzir um terreiro e, principalmente, as vidas de outras pessoas. Para ser um chefe de terreiro, além dos rituais exigidos e de algum tempo de experiência, a pessoa precisa também ter uma família, pois só assim poderá orientar outra família; deve ser meio psicóloga, terapeuta, educadora, orientadora, enfim: tem que ser muita coisa para poder ser um chefe de terreiro, porque a responsabilidade é imensa e, muitas vezes, os erros cometidos por essas pessoas despreparadas caem sobre a religião de Umbanda. Como já falei anteriormente, a religião de Umbanda está ligada aos elementos da natureza: terra, água, ar, fogo e, principalmente, ao espírito de cada ser humano; por isso, estamos num ponto em que somos obrigados a ditar ou inspirar livros para nossos médiuns repassá-los às pessoas interessadas, ensinando e doutrinando sobre o que é certo ou errado dentro da religião de Umbanda e seus médiuns, para assim atingirem com mais facilidades seus objetivos como médiuns no planeta Terra – Embora estes mesmos livros com ensinamentos e fundamentos façam com que, em mãos erradas, se perca um pouco o valor das entidades, guias, protetores e divindades de Umbanda.

Não tivemos escolhas, por isso procuramos ser tão discretos e cuidadosos quanto possível na hora de ditar ou inspirar, a um médium, um livro que contenha magias, ensinamentos e fundamentos sobre a religião de Umbanda e sua Linha de Esquerda. Como é sabido por todos, infelizmente, nesse plano de vocês, alguns irmãos são como copiadoras: o que um faz, outro quer fazer também, mesmo sem ter a mínima noção de conhecimento e responsabilidade daquilo que faz. Portanto, daqui para a frente, meus filhos, tomem muito cuidado com essa nova era em que virão muitos livros ditados ou inspirados por entidades de Umbanda. Procurem olhar bem antes de comprar um livro, informando-se o máximo possível sobre o autor e seu passado na Umbanda. Isso porque haverá muitos autores de livros de Umbanda dizendo coisas absurdas em nome das entidades, guias, protetores e espíritos pertencentes a esta religião. Mas são somente os médiuns bons de coração que podem receber esses livros ditados ou inspirados por nós. É o coração, sobretudo, que atrai os bons espíritos. E do que estiver cheio o coração do médium, a sua boca falará.

Quero lembrar e pedir a todos vocês, filhos de Umbanda, que não esqueçam nunca que a energia de uma gira de Umbanda ou da sua Linha de Esquerda tem que ser firme e forte a ponto de explodir nos planos inferiores e superiores do astral; e que os Exus e Pombagiras, durante uma gira de Umbanda, são os guardiões da passagem do plano espiritual para o plano material, superior para o inferior ou vice-versa. O que eu poderia dizer ou falar como um humilde Caboclo, a título de orientação aos médiuns de Umbanda, é o que está escrito nesse livro. Aqueles que quiserem maiores informações, devem pesquisar mais sobre o assunto com outros livros de irmãos que estão em uma dimensão diferente daquela em que me encontro. Pois saibam que onde me encontro há diferentes dimensões e inúmeras falanges de espíritos, com diversos tipos de especialização; por isso, vocês devem ler vários tipos de livros, de vários autores, ditados ou inspirados por diferentes espíritos. Assim, o que um não deixar bem esclarecido, devido, muitas vezes, a sua evolução ou à dimensão em que se encontra, outro o fará melhor. Mesmo sendo um espírito, sinto-me orgulhoso e realizado por ter recebido essa benção de, com meu médium, poder passar um pouco de ensinamentos da religião de Umbanda aos meus irmãos encarnados e desencarnados que, assim como eu, estão em busca de evolução e aperfeiçoamento do espírito. Deixo a minha homenagem a todos os espíritos, encarnados e desencarnados, entidades, divindades, guias e protetores que estão trabalhando incansavelmente dia após dia para fazerem da Umbanda e de sua Linha de Esquerda uma religião forte e respeitada, colocando-a no seu devido lugar perante a sociedade, e como uma das maiores opções de religião do futuro.

    Caboclo Ogum da Lua.

Outras publicações

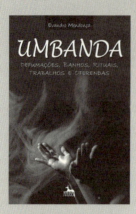

UMBANDA – DEFUMAÇÕES, BANHOS, RITUAIS, TRABALHOS E OFERENDAS

Evandro Mendonça

Rica em detalhes, a obra oferece ao leitor as minúcias da prática dos rituais, dos trabalhos e das oferendas que podem mudar definitivamente a vida de cada um de nós. Oferece também os segredos da defumação assim como os da prática de banhos. Uma obra fundamental para o umbandista e para qualquer leitor que se interesse pelo universo do sagrado. Um livro necessário e essencialmente sério, escrito com fé, amor e dedicação.

ISBN: 978-85-86453-22-9
Edição: 2010
Formato: 16 x 23 cm – 208 páginas
Papel: off set 75 grs

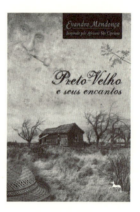

PRETO VELHO E SEUS ENCANTOS

Evandro Mendonça inspirado pelo Africano São Cipriano

Os Pretos-Velhos têm origens africana, ou seja: nos negros escravos contrabandeados para o Brasil, que são hoje espíritos que compõe as linhas Africanas e linhas das Almas na Umbanda.

São almas desencarnadas de negros que foram trazidos para o Brasil como escravos, e batizados na igreja católica com um nome brasileiro. Hoje incorporam nos seus médiuns com a intenção de ajudar as almas das pessoas ainda encarnadas na terra.

A obra aqui apresentada oferece ao leitor preces, benzimentos e simpatias que oferecidas aos Pretos-Velhos sempre darão um resultado positivo e satisfatório.

ISBN: 978-85-86453-26-7
Edição: 2010
Formato: 14 x 21 – 176 páginas
Papel: off set 75 grs

CIGANOS – MAGIAS DO PASSADO DE VOLTA AO PRESENTE

Evandro Mendonça

Na Magia, como em todo preceito espiritual e ritual cigano, para que cada um de nós tenha um bom êxito e consiga o que deseja, é fundamental que tenhamos fé, confiança e convicção. E, naturalmente, confiança nas forças que o executam. Para isso é fundamental que acreditemos nas possibilidades das coisas que queremos executar.

A MAGIA DE SÃO COSME E SÃO DAMIÃO

Evandro Mendonça

Algumas lendas, histórias e relatos contam que São Cosme e São Damião passavam dias e noites dedicados a cura tanto de pessoas como animais sem nada cobrar, por esse motivo foram sincretizados como "santos dos pobres" e também considerados padroeiros dos médicos.

Não esquecendo também seu irmão mais novo chamado Doúm, que junto fez parte de todas as suas trajetórias.

A obra oferece ao leitor algumas preces, simpatias, crenças, banhos e muitas outras curiosidades de São Cosme e São Damião.

ISBN: 978-85-86453-21-2
Edição: 2010
Formato: 14 x 21 – 148 páginas
Papel: off set 75 grs

ISBN: 978-85-86453-25-0
Edição: 2010
Formato: 14 x 21 cm – 136 páginas
Papel: off set 75 grs

Contato com autor:

evandrorosul@bol.com.br